LES JUIFS DANS LE MONDE AU TOURNANT DU XXIe SIÈCLE

« Présences du judaïsme »

DORIS BENSIMON

Les Juifs dans le monde au tournant du XXIe siècle

Albin Michel

Collections « Présences du judaïsme »
dirigées par Menorah / F.S.J.U.

Collection « Présences du judaïsme » poche
Mireille Hadas-Lebel

22, rue Huyghens, 75014 Paris

ISBN : 2-226-06742-6
ISSN : 0755-169X

INTRODUCTION

En cette fin du XXe siècle, environ 12 800 000 juifs vivent dans le monde. Ils sont profondément impliqués dans les bouleversements politiques qui ont marqué ce siècle ainsi que dans ses mutations sociales, scientifiques et technologiques. Pour le meilleur et pour le pire, ils ont été et ils sont acteurs et témoins de l'histoire de ce siècle.

Quelques événements majeurs ont transformé, depuis cent ans, la vie du peuple juif. L'émancipation amorcée par la Révolution française s'annonçait comme un rêve de liberté rapidement contesté par l'antisémitisme dont le drame que l'on voudrait croire ultime fut la *Shoah*. La renaissance nationale, sociale et culturelle du peuple juif se concrétise par la création de l'État d'Israël. Ces événements historiques majeurs ont profondément marqué l'existence juive elle-même. La *Shoah* comme le régime communiste ont détruit les communautés juives traditionnelles d'Europe orientale. La colonisation suivie de la décolonisation et de migrations massives ont déraciné les communautés traditionnelles des pays d'Islam. La vie traditionnelle juive ne survit aujourd'hui que dans la mesure où, en diaspora comme en Israël, des hommes et des femmes veulent la reconstruire, la faire renaître, mais sous des formes qui, dans l'environnement social et politique actuel, diffèrent d'un passé vieux seulement de quelques décennies. De ce fait, même les juifs les plus attachés aux traditions anciennes sont impliqués dans l'émergence d'un monde nouveau qui naît sous nos yeux en ce tournant du XXIe siècle, marqué de bouleversements politiques et idéologiques auxquels on n'aurait pas songé il y a seulement dix ans.

L'objet de ce livre est l'analyse de l'évolution du peuple juif en diaspora comme en Israël depuis 1960-1970. En 1990, environ un tiers de la population juive du monde vit en Israël. Mais diaspora juive et État d'Israël sont étroitement liés. Aussi ne peut-on étudier aujourd'hui les communautés juives de la diaspora sans se référer à leurs relations avec Israël. Israël sera donc au cœur de notre analyse même si nous pensons que la diaspora fait preuve de vitalité.

Dans la première partie de cet ouvrage, nous présenterons un panorama — forcément rapide — des judaïcités vivant dans le monde ; chacune d'elles a sa spécificité marquée par son histoire, son environnement politique et social. Cependant, les destins juifs se ressemblent. Aussi, dans la seconde partie, nous analyserons les divergences et les convergences qui caractérisent aujourd'hui, en cette fin de millénaire, les groupes humains que nous appelons le *peuple juif*.

PREMIÈRE PARTIE

PANORAMA

I.

MIGRATIONS ET TENDANCES DÉMOGRAPHIQUES

Évolution numérique[1]

Certains historiens estiment à environ 6 000 000 le nombre de juifs au début de l'ère chrétienne. Ce nombre important — près d'un habitant sur dix dans l'Empire romain — s'explique par le fait que de nombreux prosélytes avaient rejoint les juifs d'origine.

Guerres, famines, persécutions, conversions ont décimé la population juive estimée à 1 000 000 vers l'an 1000, à 2 500 000 au XVIIIe siècle. Les conditions de vie s'améliorent au XIXe siècle : le nombre des juifs s'accroît rapidement, il atteint 10 500 000 vers 1900, 13 000 000 vers 1914. En 1933, on l'évalue à 16 000 000[2].

Cinq à six millions de juifs ont été exterminés par la persécution nazie. On ne connaîtra jamais les potentialités de vie détruites par la *Shoah,* qui marque profondément la conscience juive contemporaine. Au lendemain de la Seconde Guerre mondiale, on estimait à 11 000 000 le nombre des juifs dans le monde. Vers 1980, les démographes israéliens évaluaient à 13 000 000 la population juive du monde[3]. En 1990, ce nombre demeure stable, voire en légère régression (12 800 000).

Migrations

Depuis la plus haute Antiquité, les juifs ont été un peuple migrant. Leurs origines s'enracinent en *Eretz Israel* partagé après la mort du roi Salomon entre les royaumes d'Israël, au nord, et de la Judée, au sud. La dispersion débute avec la déportation des dix tribus dites « perdues » du royaume du Nord par les Assyriens à la fin du VIIIe siècle. Elle se poursuit par la destruction de Jérusalem, de son Temple et l'exil des Judéens à Babylone en 586 avant l'ère chrétienne. Les juifs sont, en principe, les descendants des habitants de la Judée.

Quand, cinquante ans plus tard, le roi Cyrus de Perse autorise le retour des exilés en Judée, la reconstruction de Jérusalem et de son Temple, il existe déjà une diaspora juive autour du bassin méditerranéen sans parler de la Babylonie où certains exilés se sont établis. Cette tendance s'accentue avec l'hellénisation de la région et surtout la conquête romaine. Entre le IVe siècle avant l'ère chrétienne et le IIe siècle après, les diasporas juives se multiplient : elles s'implantent peu à peu en Europe. Et les juifs migrent entre les communautés dispersées tout en conservant des liens avec Jérusalem jusqu'à sa destruction par les Romains (en 70), voire au-delà avec les communautés de Palestine.

Au cours de deux mille ans d'histoire, les principaux centres de peuplement juif se déplacent entre les pays et les continents. Jusqu'au Xe siècle de l'ère commune, la majorité de la population juive vivait au Proche-Orient : le principal centre de rayonnement culturel et spirituel fut alors la Babylonie. À l'époque médiévale, des juifs vivent dispersés dans tous les pays d'Europe : la coexistence judéo-musulmane au Maghreb et en Espagne (Xe-XIe siècles) est considérée comme un âge d'or de l'histoire juive. Mais persécutions, expulsions et conversions forcées provoquent, du XIIIe siècle au XVIe siècle, des déplacements importants des populations juives : une fraction trouve refuge dans l'Empire ottoman alors en pleine expansion, une autre se dirige vers l'Europe orientale où la Pologne l'accueille à partir du XIIIe siècle. De l'Antiquité à l'époque moderne, les principales migrations juives se dirigeaient de l'Orient vers l'Europe. À partir du XVIIIe siècle et surtout au XIXe siècle, ce mouvement s'inverse : les juifs partent pour les Amériques et plus tard, avec le développement du sionisme, retrouvent le pays d'Israël.

Les migrations sont donc une caractéristique permanente de l'histoire juive. À chaque étape, les communautés organisent la préservation de leur identité religieuse, dans la mesure où cette possibilité leur est accordée. Mais, en même temps, elles s'adaptent à leur pays d'accueil. Les juifs parlent les langues de ces pays, ils intègrent dans leurs modes de vie et de pensée des éléments culturels de leur environnement. Ils apportent aussi leur spécificité à leur peuple hôte. Certes, ces échanges sont inégaux, mais le monde contemporain ne serait pas ce qu'il est sans les contributions culturelles, scientifiques et idéologiques des juifs.

Au XXe siècle, les migrations juives sont marquées par des événements politiques d'une ampleur inconnue dans le passé. À la fin des années 1920, 60 % des juifs vivaient en Europe, 31 % en Amérique, 9 % en Asie et en Afrique, quelques milliers en Océanie. En Europe, les diasporas les plus nombreuses étaient celles de Pologne (3 050 000), d'URSS (2 870 000), de Roumanie (900 000), d'Allemagne (550 000), de Hongrie (500 000) : à l'exception de celle d'URSS, elles ont été détruites par la *Shoah* ;

les survivants sont en partie des migrants ayant trouvé refuge ailleurs.

Dès cette époque[4], la diaspora des États-Unis est la plus importante (4 500 000) ; en Asie, les juifs d'Irak (100 000) forment la communauté la plus nombreuse. En Afrique, les populations juives du Maghreb (Maroc, Algérie, Tunisie : 300 000) sont nettement majoritaires par rapport à celles d'Afrique du Sud (80 000).

La création de l'État d'Israël en 1948, les guerres israélo-arabes ainsi que le processus de décolonisation de la plupart des pays d'Afrique et d'Asie dans les années 1950-1960 provoquent des migrations massives. La très grande majorité des juifs d'Asie et d'Afrique quittent leurs pays d'origine pour Israël ou pour l'Europe et les Amériques. Après la destruction du *shtetl*, la plupart des communautés juives dites traditionnelles ont été transplantées : elles sont quasiment éteintes dans des contrées où elles étaient implantées depuis de nombreux siècles.

Dans les années 1970, on croyait que ce transfert massif des populations juives était stabilisé. Mais l'URSS a d'abord entrouvert puis, depuis la fin des années 1980, ouvert ses portes (*cf.* chap. 2) : une nouvelle migration juive de masse est en cours en ce tournant du siècle. Où seront les juifs de l'an 2000, 2020, 2050 ?

Répartition géographique actuelle

S'il est difficile de répondre à cette question, on peut, plus modestement, dessiner la carte de la répartition des juifs dans le monde au début des années 1990.

L'État d'Israël a pour vocation le rassemblement du peuple juif (*cf.* chap. 5). Mais ce processus est lent : le 15 mai 1948, seulement 6 % de la population juive mondiale vivait en Israël. Cette proportion passe à 20 % en 1970, à 30 % en 1990[5] ; le transfert des juifs d'Éthiopie et l'immigration massive originaire d'URSS ont accéléré le processus depuis deux ans : on estime, fin 1992, qu'environ un tiers des juifs du monde sont rassemblés en Israël.

En diaspora, les juifs sont dispersés sur tous les continents. Mais, en 1990, c'est seulement dans huit pays que la population juive dépasse 100 000 personnes[6] : États-Unis (5 535 000), URSS (1 150 000), France (530 000), Grande-Bretagne (315 000), Canada (310 000), Argentine (215 000), Afrique du Sud (114 000) et Brésil (100 000).

En d'autres termes, 71 % des juifs de la diaspora vivent aux Amériques, 26 % en Europe et 3 % sur les autres continents. Les juifs des États-Unis représentent à eux seuls 43 % de la population juive mondiale et 62,5 % de la population juive de la diaspora : c'est dire leur importance, ne serait-ce que démographique, sur la carte juive du monde. En 1990, 45 % des juifs d'Europe vivaient dans les pays occidentaux, 55 % en Europe de l'Est et dans les Balkans. Mais si les juifs de l'ex-URSS poursuivent leur émigration, ces proportions risquent de changer dans un proche avenir car, d'une part, la population juive européenne pourrait diminuer en nombre, d'autre part, les pays de l'Europe de l'Ouest pourraient connaître un certain accroissement de leur population juive.

Tendances démographiques

En effet, depuis cinquante ans, les principales mutations du nombre des juifs d'un pays par rapport à un autre, d'un continent à l'autre, sont les effets de migrations.

Ainsi, la France (*cf.* chap. 2) a vu doubler sa population juive entre 1955 et 1965 par le transfert d'une grande partie des juifs d'Afrique du Nord.

Mais d'autres tendances pèsent sur l'évolution démographique des juifs dans le monde. Dans la plupart des judaïcités de la diaspora, les taux de natalité se situent en dessous de celui (2,1) permettant la reproduction démographique d'un groupe humain, en même temps qu'on observe le vieillissement des populations juives. Par ailleurs, les mariages mixtes se multiplient dans toutes les grandes communautés juives du monde (*cf.* chap. 2 à 4, 6). Aussi, paradoxalement, le « noyau » de la population juive se rétrécit, alors que la population juive dite élargie, comprenant la parenté d'une famille dont l'un des membres est juif, se développe. La définition même de l'identité juive n'est pas seulement une question posée par les démographes, elle est au cœur même de l'avenir du peuple juif.

Le taux de natalité relativement élevé (2,8) de la population juive d'Israël compense, dans une certaine mesure, les pertes de la diaspora, mais une immigration aussi composite que celle en provenance de l'ex-URSS, à faible natalité, pourrait ralentir cette tendance dans la prochaine décennie.

La démographie des populations juives pose bien des questions : mais le présent et l'avenir du peuple juif, en ce tournant du siècle, et même de millénaire, ne se limitent pas aux nombres. Le vrai problème est celui de la vitalité et de la créativité de ce peuple, de l'environnement sociopolitique permettant ou freinant son développement. En tout cas, malgré leur faible nombre à l'échelle mondiale, les juifs constituent un groupe-test de l'évolution de l'humanité.

II.

L'EUROPE

L'Europe a joué et joue encore un rôle central dans l'histoire des diasporas juives. La création des premières communautés remonte à l'Antiquité dans les régions qui faisaient partie de l'Empire romain. Parfois tolérés, mais souvent expulsés et pourchassés, les juifs, pendant vingt siècles, ont migré à travers l'Europe. Aujourd'hui, plus ou moins nombreux, des juifs vivent dans tous les pays d'Europe.

Selon leurs traditions socio-culturelles, les juifs d'Europe se divisent entre achkénazes et séfarades. *Achkenaz* désigne, en hébreu médiéval, l'Allemagne : les achkénazes, au moins à l'origine, vivaient en Europe centrale et orientale. *Sefarad* désigne, en hébreu médiéval, l'Espagne : les séfarades sont les descendants des juifs expulsés d'Espagne aux XIVe et XVe siècles. Les achkénazes parlaient le judéo-allemand, devenu le *yiddish*, les séfarades ont développé, après leur exil, le judéo-espagnol. De nombreux dialectes mêlant l'hébreu aux langues des peuples d'accueil se sont formés. Aujourd'hui, ces différences socio-linguistiques et socio-culturelles s'inscrivent encore dans l'affirmation de l'identité juive, mais les juifs d'Europe font surtout partie, depuis leur émancipation, des aires culturelles de leur pays d'implantation et les langues qu'ils parlent effectivement sont celles de leurs concitoyens. En Europe et même à travers le monde, les juifs appartiennent à cinq grands groupes socio-linguistiques et socio-culturels : l'aire anglophone qui se prolonge en Amérique du Nord, en Afrique du Sud, en Océanie ; l'aire francophone et latine qui s'étend à l'Amérique du Sud, et les aires germanique, scandinave et slave. Les juifs d'Europe, comme tous les Européens, se distinguent donc entre eux par leur diversité linguistique et culturelle.

Cinquante ans après la Seconde Guerre mondiale, l'Europe conserve encore les cicatrices de la *Shoah* qui a physiquement détruit les deux tiers des populations juives de ce continent et demeure au cœur de la mémoire juive. Elle est encore profondément marquée par le partage idéologique consécutif à la conférence de Yalta qui l'a divisée en deux blocs séparés pendant un demi-siècle par un « rideau de fer » entre les pays à régime communiste dits « démocraties populaires » et les démocraties parlementaires à économie de marché.

Les juifs en Europe de l'Ouest

L'Europe occidentale n'est pas une entité géographique. Elle comprend une vingtaine de pays dont douze forment la Communauté économique européenne (CEE) et une dizaine d'autres ont des régimes politique et économique semblables à ceux de la CEE. Certains la rejoindront d'ici l'an 2000. Républiques ou monarchies constitutionnelles, ces États sont des pays libres où les droits de l'Homme sont officiellement garantis et où les juifs sont des citoyens avec les droits et les devoirs afférents à ce statut.

En 1993, environ 1 000 000 de juifs vivent dans les douze pays de la CEE, 45 000 dans les autres pays de l'Europe de l'Ouest. Ces judaïcités se regroupent et se distinguent par des affinités historiques et culturelles. Elles se différencient aussi par leur nombre : les plus petites communautés, celles du Liechtenstein, de Gibraltar, de Monaco, du Luxembourg, du Portugal, comptent moins de 1 000 membres. Les deux plus grandes, celles de France (530 000) et de Grande-Bretagne (315 000), rassemblent, à elles seules, 80 % des populations juives d'Europe occidentale.

L'aventure des juifs en tant que citoyens *libres et égaux* a débuté en Europe en 1789-1791 avec la Révolution française [1]. Dans les pays qui, aujourd'hui, font partie de l'Europe occidentale, ce processus d'émancipation s'est poursuivi tout au long du XIXe siècle. Pendant la même période et au XXe siècle, des vagues d'immigration successives ont contribué à la constitution des communautés juives actuelles.

Trois groupes principaux ont formé la judaïcité française actuelle : à l'heure de leur émancipation, on comptait environ 40 000 juifs en France, une minorité séfarade dans le Sud-Ouest et en Provence, et une majorité achkénaze en Alsace-Lorraine. Au XIXe et dans la première moitié du XXe siècle, ce groupe a été rejoint par des vagues successives d'immigrés originaires surtout d'Europe orientale et centrale, mais aussi de l'Empire ottoman et, déjà, d'Afrique du Nord. En 1939, entre 250 000 et 320 000 juifs vivaient en France. Environ un quart de la population juive de France a été victime de la *Shoah*. Dans la décennie suivant la Seconde Guerre mondiale, la communauté française s'est péniblement reconstruite avec l'aide importante des juifs américains. Puis, de 1950 à 1970, la France a été, après Israël, le principal pays d'immigration juive en Europe : la décolonisation du Maghreb a provoqué le transfert de la quasi-totalité de la judaïcité algérienne et d'une partie des juifs de Tunisie et du Maroc. Après l'expédition de Suez (*cf.* chap. 5), des juifs d'Égypte se sont mêlés aux immigrants ; ils ont été rejoints par quelques juifs venus d'Europe de l'Est. En une décennie, la population juive a ainsi doublé, devenant numériquement la communauté la plus importante d'Europe occidentale, occupant le troisième rang des diasporas juives, après les États-Unis et l'URSS. Au milieu des années 1970, cette immigration juive s'est tarie de sorte que, désormais, les juifs de France ne peuvent conserver leur dynamisme démographique qu'en comptant sur eux-mêmes, c'est-à-dire sur leurs efforts de natalité.

L'arrivée des juifs maghrébins a profondément transformé la vie juive : d'achkénaze, la judaïcité française est devenue à grande majorité séfarade. L'intégration économique et sociale des juifs d'Afrique du Nord a été facilitée par leur connaissance de la langue et de la culture françaises. Ils ont rendu sa vitalité à une communauté épuisée par les séquelles de la persécution : des cadres communautaires vieillissants ont été remplacés par une nouvelle génération se recrutant surtout parmi les séfarades.

Divers par leurs origines, les juifs de France le sont aussi dans l'affirmation de leur identité. Des centaines d'associations regroupant chacune quelques dizaines, quelques centaines, voire pour les plus importantes des milliers d'adhérents, répondent à l'hétérogénéité géographique et surtout idéologique de la judaïcité française.

Trois grandes organisations s'efforcent de fédérer les activités religieuses, culturelles et sociales spécifiquement juives. Les Consistoires fondés en 1808 par Napoléon Ier ont pour principale mission l'organisation de la vie religieuse ; depuis une quinzaine d'années, ils tendent à élargir leur champ d'action à des activités éducatives, voire politiques. Le Conseil représentatif des institutions juives de France (CRIF), créé à la fin de la Seconde Guerre mondiale, est chargé des relations avec les pouvoirs publics. Le Fonds social juif unifié (FSJU), fondé en 1951, a pour vocation de soutenir et de fédérer les activités sociales, éducatives et culturelles. Cette triple organisation institutionnelle est née de l'histoire récente de la judaïcité française. La séparation des Églises et de l'État (1905) inspirée par l'idéologie de laïcité, préconisant la tolérance, confiant à chaque communauté religieuse son autogestion, a permis l'affirmation d'une identité qui, cependant, étant donné le contexte national français, demeure modérée. Elle oblige à l'autofinancement des communautés qui néanmoins peuvent passer des accords avec les pouvoirs publics locaux ou nationaux. Les juifs de France ont, à 95 % aujourd'hui, la nationalité française. En tant que citoyens, ils votent. Malgré leur nombre actuel, ils représentent à peine 1 % de la population française. Ils participent activement à la vie politique sans constituer un lobby électoral et ce d'autant moins qu'en cette fin de siècle, en France, trois à quatre millions de musulmans, en majorité citoyens, constituent, après les catholiques, le deuxième groupe confessionnel[2]. Par ailleurs, les petites communautés de Monaco et des Antilles françaises se rattachent à celle de France.

Après la judaïcité française se situe, en ordre de grandeur, celle de Grande-Bretagne. Les juifs, expulsés d'Angleterre en 1290, ont été autorisés à y revenir par Oliver Cromwell en 1656. Les fondateurs de l'actuelle communauté étaient des séfarades qui avaient séjourné à Amsterdam. Au XVIIIe siècle et surtout au XIXe siècle, la

Grande-Bretagne a accueilli des immigrés juifs originaires d'Europe centrale et orientale. Dans les années 1930, la Grande-Bretagne a reçu environ 60 000 juifs allemands et autrichiens fuyant le nazisme, mais ceux-ci, considérés comme des « citoyens de la nation ennemie », ont été pour la plupart internés pendant la guerre, avant de devenir des Britanniques à partir de 1945. L'actuelle judaïcité de Grande-Bretagne est essentiellement constituée par les descendants de ces immigrés. Elle est en très grande majorité achkénaze (97 %), même si, à la suite de l'éclatement de l'Empire britannique, des juifs originaires du Moyen-Orient, et d'Afrique du Sud, ont rejoint la métropole. Cependant, ce flux migratoire n'a pas eu la même importance que celle qu'il a revêtue en France.

L'émancipation des juifs de Grande-Bretagne s'est échelonnée sur les XVIIIe et XIXe siècles et n'a été définitivement acquise qu'en 1871[3]. Aujourd'hui, la judaïcité britannique joue un rôle actif dans la vie économique, culturelle et politique du pays.

Les communautés juives sont des associations privées. Leur principal organisme fédératif est le *Board of Deputies*, fondé en 1760, et dont les 600 membres sont élus par les synagogues et d'autres organisations. La laïcité n'a pas la même signification en Grande-Bretagne qu'en France : 85 % des juifs d'Angleterre seraient membres d'une synagogue. Par ailleurs, le mariage religieux est reconnu par la loi civile[4]. La judaïcité britannique représente en quelque sorte la communauté-mère, par rapport à celles d'Australie et d'Afrique du Sud. Par sa langue et sa culture, elle est évidemment proche des juifs d'Amérique du Nord. En Europe, les petites communautés d'Irlande (1 800 juifs) et de Gibraltar (600 juifs), tout en affirmant leur spécificité, entretiennent des relations étroites avec leur sœur britannique. Par leur très large dispersion dans le monde, les judaïcités anglophones constituent aujourd'hui un pôle central de la vitalité intellectuelle juive.

Les judaïcités d'Allemagne (40 000), de Belgique (31 800), d'Italie (31 200), des Pays-Bas (25 700) et de Suisse (19 000) sont ensuite les plus nombreuses d'Europe de l'Ouest.

Après la *Shoah,* être juif et allemand est une situation difficile. De la fin du XVIIIe siècle jusqu'en 1933, avait petit à petit réussi à se constituer une symbiose judéo-allemande. L'*Aufklärung*, au XVIIIe siècle, a donné naissance, avec Moses Mendelssohn, à la *Haskala* qui est à l'origine de l'émancipation dite « civique » des juifs d'Europe. L'émancipation politique qui s'étend progressivement dans les divers États allemands à partir de 1849 ne devient effective qu'en 1871 après la réalisation de l'unité allemande par Bismarck. Les juifs d'Allemagne se sont rapidement germanisés. Fiers de leur appartenance à la culture allemande, ils ont activement participé à son développement [5].

En 1933, 550 000 juifs vivaient en Allemagne. De 1933 à 1938, 250 000 environ ont émigré, surtout aux Amériques. Après la guerre, les retours ont été peu nombreux, parmi eux, des Israéliens. Une communauté s'est néanmoins reconstituée sur les deux Allemagnes à partir d'environ 20 000 survivants qui ont pu se cacher. Dans les années 1970, environ 30 000 juifs vivaient en Allemagne fédérale. A cette population sont venus s'ajouter, dans les années 1989 à 1992, des juifs soviétiques qui ont afflué, d'abord en Allemagne de l'Est, puis en Allemagne de l'Ouest. La réunification des deux Allemagnes a été soutenue par des juifs allemands même si elle a posé des questions à leurs coreligionnaires vivant ailleurs, et plus particulièrement en Israël.

La communauté juive de RDA était estimée, en 1988, à 500 personnes. Actuellement, en Europe, l'Allemagne est le seul pays qui voit s'accroître sa population juive par l'immigration. De ce fait, cette population connaît un certain rajeunissement. En 1989-1990, les autorités ouest-allemandes comme celles de la RDA étaient favorables à cette immigration [6], mais que deviendra-t-elle dans le tumulte de la xénophobie qui se dessine ? Dans quelle mesure l'Allemagne modifiera-t-elle sa législation très libérale relative au droit d'asile ? Dans l'immédiat, les juifs établis en Allemagne sont en attente ; ils ne semblent pas envisager une émigration massive mais pensent plutôt qu'ils doivent défendre la démocratie allemande telle qu'elle s'est affirmée depuis 1950.

L'État d'Israël a accepté, dès 1952, le paiement des réparations allemandes puis a établi, en 1965, des relations diplomatiques avec la RFA, reconnue comme une démocratie et devenue un membre influent de la CEE.

Jusqu'en 1990, les communautés juives de la RFA étaient fédérées par le Conseil central des juifs d'Allemagne *(Zentralrat der Juden in Deutschland)*. En principe, selon une tradition ancienne, les juifs d'Allemagne doivent être enregistrés auprès de cet organisme et verser, comme toutes les communautés confessionnelles légalement reconnues, une taxe payée en même temps que l'impôt sur le revenu. Des juifs peuvent officiellement quitter la communauté et certains le font pour éviter ce prélèvement qui est redistribué entre les communautés. De ce fait, on peut estimer que le nombre des juifs en Allemagne est sans doute supérieur à celui des adhésions déclarées par le Conseil central.

Les juifs de RDA étaient également regroupés dans une

Union des communautés juives. Dès la réunification de l'Allemagne, des représentants de l'ancienne Union ont rejoint le directoire du *Zentralrat*[7] mais la fusion réelle entre les juifs des anciennes provinces de la RDA et de la RFA est aussi difficile que celle de leurs concitoyens : l'Est se sent dominé par l'Ouest[8].

Par leur histoire, leur langue et leur culture, les juifs d'Autriche (7 000) sont proches de leurs coreligionnaires allemands. Comme eux, les juifs de l'empire des Habsbourg ont été germanisés. Comme eux, au tournant du XXe siècle, ils ont vécu une « symbiose judéo-allemande », enrichie d'ailleurs par la diversité de leurs origines régionales : hongroise, tchèque, slovaque et éventuellement polonaise ou roumaine. Toutes ces nationalités ont formé l'Empire austro-hongrois qui, en éclatant, a donné naissance à l'Europe centrale contemporaine. Réduite à 200 000 personnes en 1938, la judaïcité autrichienne avait déjà perdu son rayonnement intellectuel. Environ les deux tiers des juifs d'Autriche ont émigré entre 1938 et 1941, les autres ont été exterminés : 2 000 seulement ont survécu à la *Shoah*[9].

L'actuelle communauté juive d'Autriche est formée de ces rescapés et de leurs descendants, mais surtout d'immigrants venant de tous les pays de l'ancien empire comme aussi de l'URSS. En effet, dès 1946, l'Autriche est devenue, de par sa situation géographique, un pays de transit d'abord pour les survivants des camps de concentration puis pour ceux qui réussissaient à franchir le rideau de fer. Dans les années 1970, Vienne était la plaque tournante des juifs soviétiques en route vers Israël, ou vers l'Amérique.

Au *Zentralrat* allemand correspond en Autriche la

Israelitische Kulturgemeinde (communauté du culte israélite). Comme en Allemagne, les juifs se déclarant comme tels sont recensés par cet organisme et soumis au paiement d'une cotisation.

Être juif et autrichien est une situation sans doute encore plus inconfortable que celle des juifs allemands car si la RFA et finalement la RDA ont reconnu les crimes nazis, l'Autriche se dit être l'une des victimes de ces crimes ou affirme encore en 1988, à forte majorité, que l'Anschluss n'était pas un malheur [10]. La présidence de Kurt Waldheim (1986-1992), ancien officier de l'armée allemande hitlérienne, a sans doute davantage troublé les relations diplomatiques de l'Autriche que les juifs de ce pays. Cette page est tournée, même si l'antisémitisme sévit toujours en Autriche. L'arrivée au pouvoir du chancelier Vranitsky a permis un rapprochement avec Israël.

En Europe occidentale, on peut rattacher à l'aire germanophone les quelques familles juives du Liechtenstein, les 600 juifs du Luxembourg et surtout une partie importante de la judaïcité suisse. Toutefois, les juifs du Luxembourg restent marqués par des attaches avec l'Alsace-Lorraine : leur Consistoire israélite a été créé par Napoléon Ier en 1808 [11].

La communauté juive de Suisse se partage entre germanophones, francophones et italophones. Pays neutre, au cœur de l'Europe, la Suisse a été, malgré les limitations imposées à leur immigration, un lieu de refuge pour les juifs fuyant le nazisme. Dans l'histoire juive, la Suisse a joué un rôle débordant ses frontières : c'est à Bâle que s'est réuni en 1897 le premier Congrès sioniste ; c'est à Genève qu'a été fondé en 1936 le Congrès juif mondial.

La communauté juive, à majorité achkénaze, a également accueilli des séfarades depuis 1956.

La Belgique est, on le sait, un pays bilingue partagé entre Flamands et Wallons, très opposés en cette fin de siècle. Les juifs de Belgique se répartissent selon des clivages analogues : leurs principales communautés vivent à Bruxelles et à Anvers. L'histoire de la Belgique est étroitement liée à celle de la Hollande. La Belgique ne devient indépendante qu'en 1830. La Constitution votée en 1831 reconnaît les juifs comme citoyens égaux. Ils sont alors peu nombreux, bien que l'arrivée de quelques marranes ait inauguré, au XVIe siècle, leur présence dans ce pays. À la fin du XIXe siècle et jusqu'en 1940, arrivaient en nombre important des juifs d'Europe orientale puis d'Allemagne et d'Autriche, fuyant les nazis. Quand, en mai 1940, les Allemands ont envahi la Belgique, environ un tiers des juifs qui y résidaient alors ont réussi à quitter le pays, un tiers a été déporté et exterminé, un tiers a survécu [12]. Au lendemain de la guerre, est arrivée une nouvelle vague d'immigration venant d'Europe de l'Est. Malgré l'arrivée, en 1960-1970, des juifs originaires d'Afrique du Nord et du Proche-Orient, la communauté belge est majoritairement achkénaze.

La communauté juive d'Anvers, formée, au moins partiellement, par des *hassidim*, est l'une des plus orthodoxes d'Europe occidentale. La plupart travaillent dans l'industrie diamantaire. Leur quartier autour de la gare perpétue les traditions du *shtetl*. Les juifs d'Anvers parlent le flamand, mais surtout le *yiddish*, tout en pratiquant aussi le français et l'anglais [13]. Les juifs de Bruxelles sont francophones, tout en connaissant aussi, pour la plupart, d'autres langues. Moins pratiquants que leurs coreligionnaires d'Anvers, ils jouent cependant dans cette capitale administrative de la CEE un rôle certain dans l'organisation d'activités concernant les juifs européens. Ils ont développé une certaine conception de la laïcité juive. La majorité est actuellement de nationalité belge. Le Comité de coordination des organisations juives, fondé en 1970, s'efforce de fédérer les nombreuses associations qui traduisent comme en France la diversité de la judaïcité belge [14].

La communauté hollandaise remonte à la fin du XVIe siècle quand des marranes venus d'Espagne et du Portugal trouvent refuge dans les Provinces-Unies, récemment libérées du joug espagnol, où règne la liberté religieuse. Au début du XVIIe siècle, ces séfarades fondent à Amsterdam une communauté qui devient la « Jérusalem du Nord ». Ils y sont rapidement rejoints par des achkénazes d'Europe centrale et orientale. En 1796, les juifs de cette région alors occupée par la France de Bonaparte ont été émancipés [15].

Comme ailleurs, en Europe occidentale, des juifs d'Europe de l'Est arrivent en Hollande aux XIXe et XXe siècles. À la veille de la Seconde Guerre mondiale, la communauté totalisait 140 000 juifs. La persécution a été terrible : environ 100 000 juifs ont péri en déportation, d'autres ont émigré, seuls 25 000 juifs ont survécu en Hollande. La population juive des Pays-Bas n'a guère augmenté depuis. L'actuelle communauté est à majorité achkénaze et de nationalité néerlandaise. Les séfarades survivants forment une petite communauté fière de son histoire [15]. La principale organisation juive, la *Nederlands-Israelitische Kerkgenootenschap*, est achkénaze. Reconnue comme l'association représentative des juifs des Pays-Bas, elle a le droit d'imposer des cotisations à ses membres [16].

Au nord de l'Europe de l'Ouest, des juifs vivent au Danemark (6 400), en Suède (15 000), en Norvège (1 000) et en Finlande (1 300). La présence de communautés juives en Scandinavie ne remonte qu'au XVIIe siècle. Pendant la Seconde Guerre mondiale, seule la Suède a échappé à l'emprise des nazis : elle a reçu, temporairement, de nombreux immigrants juifs originaires d'Europe centrale et orientale. Christian IX, roi du Danemark, a défendu sa population juive qui a été transférée dans sa quasi-totalité en Suède. Aujourd'hui, à majorité achkénaze, les juifs des pays scandinaves et de Finlande sont soit des descendants d'immigrés anciens, soit des réfugiés arrivés de Hongrie en 1956 et de Pologne en 1968.

Au sud de l'Europe de l'Ouest, des juifs vivent en Grèce (4 800), en Italie (31 200), en Espagne (12 000) et au Portugal (300). Ces implantations juives, les plus anciennes d'Europe, remontent à l'époque gréco-romaine. Celles de Grèce et d'Italie ont joué un rôle important dans la naissance du christianisme.

Sous l'occupation turque, dès la fin du XVe siècle, les juifs séfarades se sont établis en Grèce comme dans tout l'Empire ottoman. La florissante communauté juive de Salonique a été anéantie par les persécutions nazies. La principale communauté vit aujourd'hui à Athènes[17]. Membre de l'OTAN depuis 1952 et de la CEE depuis 1981, la Grèce reste marquée par de nombreux conflits politiques. Depuis la fin de la Seconde Guerre mondiale, les juifs grecs émigrent vers les États-Unis ou Israël. Les juifs sont des citoyens grecs et jouissent de la liberté de leur pratique religieuse. Malgré l'opposition des catholiques et des juifs, le gouvernement grec a récemment imposé l'inscription de la confession sur les cartes d'identité.

Les origines de la judaïcité italienne remontent à l'époque romaine. Bien qu'humiliés par la papauté, ils n'ont jamais quitté Rome depuis l'Antiquité. Certaines villes italiennes comme Venise ou Livourne ont accueilli des juifs expulsés d'Espagne à la fin du XVe siècle. L'actuelle communauté juive est à majorité séfarade. Son émancipation commencée avec les conquêtes napoléoniennes s'achève au cours du XIXe siècle.

Après l'accession de Mussolini au pouvoir en 1922, le fascisme italien ne devient antisémite que lors du rapprochement avec l'Allemagne nazie en 1938. La persécution et la déportation s'abattent sur les juifs d'Italie du Nord occupée par les Allemands en 1943. Dans les années 1930 puis au lendemain de la Seconde Guerre mondiale, l'Italie a accueilli des immigrants juifs originaires d'Europe centrale et orientale. À la suite de la guerre de Suez, des juifs d'Égypte ont trouvé refuge en Italie. Un certain nombre de juifs de Libye, autrefois colonie italienne[18], ont aussi gagné ce pays.

Aux termes du concordat conclu entre Mussolini et le Vatican en 1930, les juifs devaient être affiliés à leur communauté et payer obligatoirement une cotisation. Depuis la séparation entre les Églises et l'État italien en 1987, l'adhésion des juifs, comme des autres citoyens italiens, à un organisme confessionnel est désormais volontaire. Leur principale organisation représentative est l'*Unione delle Communita Ebraiche* (Union de la communauté juive) qui s'appelait auparavant l'Union de la Communauté israélite[19]. Ce changement de nom est significatif d'une évolution des mentalités.

L'année 1992 a été marquée par la commémoration du cinq centième anniversaire de l'expulsion des juifs d'Espagne. L'actuelle communauté juive d'Espagne, comme celle d'Allemagne, témoigne des possibilités de renaissance de diasporas juives dans des pays qui avaient la ferme volonté de les déraciner, voire de les détruire à tout jamais.

La coexistence judéo-espagnole de l'époque médiévale s'inscrit comme un âge d'or dans la mémoire juive qui fait remonter l'antique implantation en *Sefarad* à l'époque de la destruction du premier Temple de Jérusalem. Cette « symbiose » n'a sans doute pas été aussi « glorieuse » et surtout « paisible » que le prétend la légende[20] à la fin de la période musulmane et dans l'Espagne chrétienne du XIVe siècle. L'édit d'expulsion signé le 31 mars 1492 par les Rois Catholiques et les persécutions qui suivirent s'inscrivent encore aujourd'hui comme un traumatisme profond dans la conscience juive : 100 000 à 150 000 juifs se convertirent alors au catholicisme, mais la plupart continuèrent à pratiquer secrètement leur religion : l'Inquisition a poursuivi ceux que le peuple appelait avec mépris « marranes » jusqu'au début du XIXe siècle et ce jusque dans les colonies d'Amérique. Les 150 000 à 170 000 juifs qui choisirent d'émigrer se répartirent entre quelques pays d'Europe occidentale, le Maghreb et le Proche-Orient. Leurs descendants constituent aujourd'hui le groupe séfarade. Le retour des juifs en Espagne était conditionné par l'instauration d'une certaine liberté religieuse dans ce pays.

L'Inquisition ne fut abolie qu'en 1834 par la reine Marie-Christine. En 1855, une résolution des Cortes admit toutes les croyances religieuses. La Constitution de 1869 accorda la liberté des cultes, bien que le catholicisme demeurât la religion d'État officielle. C'est ainsi que, dans la dernière moitié du XIXe siècle, quelques juifs purent s'établir en Espagne. Avec la constitution républicaine de 1931 fondant l'État laïc, toutes les confessions religieuses furent placées sur un plan d'égalité. Pendant la guerre civile (1936-1939), de nombreux juifs ont, au sein des Brigades Internationales, combattu les nationalistes du général Franco. Le régime fasciste de Franco (1939-1975) accueillit quelque 3 000 juifs fuyant l'Allemagne nazie, accorda des visas à des séfarades vivant dans des pays occupés par l'Allemagne et autorisa le transit de plusieurs milliers de réfugiés [21] !

Les communautés actuelles sont constituées par les descendants de ces réfugiés et des séfarades venus du Maroc et d'Égypte dans les années 1950. Les juifs espagnols sont aujourd'hui 12 000, essentiellement répartis entre Madrid et Barcelone.

La Constitution de 1978 accordée par le roi Juan Carlos garantit la liberté religieuse. En 1990, un accord de coopération a été signé entre l'État espagnol et la Fédération des communautés israélites aux termes duquel l'État espagnol reconnaît les effets civils du mariage religieux, le statut des rabbins et des exemptions fiscales pour les institutions juives [22].

Le 31 mars 1992, le roi Juan Carlos et son épouse ont commémoré à la synagogue de Madrid, en présence du président de l'État d'Israël, Haïm Herzog, et de son prédécesseur, I. Navon, le cinq centième anniversaire de l'expulsion. Cette cérémonie symbolique a surtout célébré la réconciliation de l'Espagne avec ses juifs [23].

De nombreux juifs d'Espagne qui avaient trouvé refuge au Portugal en 1492 en furent expulsés en 1497. Aujourd'hui, seulement 300 juifs vivent au Portugal, regroupés surtout à Lisbonne où une synagogue a été construite au début du siècle. À Belmonte, dans le nord du pays, survit une communauté de marranes dont certains reviennent au judaïsme. La première pierre de leur nouvelle synagogue a été posée en 1993.

Les marranes, nombreux dans les régions rurales et montagneuses du Nord, ont fini par se fondre dans le reste de la population malgré des efforts héroïques pour perpétuer quelques rites juifs, ou bien furent convertis de force. Et le président, Mario Soarès, a reconnu publiquement la part juive dans le lignage de chaque Portugais et a déclaré en 1989 : « Au nom du Portugal, je demande pardon aux juifs pour les persécutions dont ils furent victimes dans notre pays[24]. »

En Europe occidentale, chaque communauté juive conserve sa spécificité très marquée par le contexte national qui est le sien, pourtant, il y a des convergences entre elles. À l'exception des immigrants les plus récents, les juifs d'Europe occidentale sont des citoyens. La liberté démocratique dont ils jouissent permet le développement de leur identité.

Les démographes constatent le vieillissement des populations juives d'Europe de l'Ouest, leur faible natalité et la fréquence croissante des mariages mixtes. Ces trois phénomènes laissent prévoir une diminution numérique des juifs vivant en Europe de l'Ouest d'autant qu'à l'exception de l'ex-URSS, toutes les grandes sources des migrations juives sont taries désormais.

On sait aussi que la très grande majorité des juifs d'Europe occidentale vit en ville et, de préférence, dans les capitales de leur pays, bien qu'il existe de petites communautés dispersées sur les territoires nationaux. Citadins, les juifs s'intègrent dans les structures socio-professionnelles urbaines mais les métiers artisanaux et le petit commerce ont pratiquement disparu des activités autrefois spécifiquement juives. La grande majorité des juifs d'Europe occidentale appartient maintenant aux couches moyennes : ils sont employés, cadres ou exercent des professions libérales, cela n'empêche qu'il subsiste, dans tous les pays d'Europe occidentale — et peut-être surtout en France et en Grande-Bretagne —, des poches de pauvretés parmi les juifs.

L'attachement des juifs pour l'étude sacrée s'est déplacé vers les études profanes. Les intellectuels juifs, déjà nombreux au XIXe siècle, sont en augmentation dans la génération née depuis les années 1950-1960. La proportion des diplômés de l'enseignement supérieur peut atteindre plus de 50 % de cette classe d'âge, en France, en Italie et dans les pays scandinaves.

L'importance d'une minorité ethnique ou confessionnelle n'est pas seulement due à son nombre, mais encore à sa vitalité intellectuelle et à sa créativité. De ce point de vue, les juifs jouent, en Europe occidentale, un rôle important. Il serait impossible de dresser la liste des juifs participant activement à toutes les activités scientifiques, culturelles et artistiques de leur pays. Il y a trente ans on pouvait encore dresser des listes [25]. Aujourd'hui, un tel essai serait tout à fait partiel et partial.

La vitalité du judaïsme s'affirme aussi dans l'étude de la pensée, de la littérature, de l'histoire, des langues juives dont l'hébreu, souvent intégrée à des cursus universitaires [26]. Dans toutes les langues européennes paraissent, chaque année, de très nombreux ouvrages relatifs à ces questions. Ces publications ne s'adressent pas seulement à des lecteurs juifs : elles permettent de comprendre l'apport du judaïsme à la culture même de l'Europe. Alors même que certains prédisent la fin de la diaspora d'Europe et même d'Amérique [27], il semble, au contraire, que les diasporas juives d'Europe occidentale soient bien vivantes en ce tournant de siècle, même si elles sont en quête de l'affirmation de leur identité.

Les juifs en Europe de l'Est

Au XIXe siècle, les empires austro-hongrois, russe et ottoman convoitaient et se partageaient les territoires de l'Est européen. L'histoire de ces régions fut marquée à cette époque par la lutte des peuples contre ces trois empires. Dès 1866, la Roumanie accéda à l'indépendance, la Bulgarie en 1908 et l'Albanie en 1912. À l'issue des négociations de la Conférence de la paix de Versailles (1919), les pays baltes (Estonie, Lettonie, Lituanie), la Pologne, la Tchécoslovaquie, la Hongrie, la Yougoslavie devinrent des États indépendants. Dès 1917-1918, l'empire des tsars se transforma en URSS aux frontières changeantes entre 1917 et 1946. Cependant, la renaissance ou la création de ces États n'a pas résolu les conflits qui opposaient leurs peuples, non seulement aux trois grands empires mais encore entre eux. À la fin du XXe siècle, resurgit en Europe orientale le « problème des nationalités » hérité du passé.

Parmi ces peuples d'Europe de l'Est, il y a les juifs. En 1880, ils étaient 5 800 000 [28] ; en 1990, ils ne sont plus que 1 244 000. Émigrations et persécutions, mais aussi baisse de la natalité, vieillissement et mariages mixtes sont les principaux facteurs de cette diminution des populations juives dans l'Est européen. En même temps, ont disparu les *shtetls* (bourgades juives) d'Europe orientale ; ces derniers vestiges de communautés parfois millénaires ont été détruits en URSS dès la révolution de 1917, ailleurs par la persécution nazie.

En URSS, à la fin de 1990, 1 550 000 juifs formaient

encore la communauté la plus nombreuse de la diaspora après les États-Unis. Parmi eux, 30 000 vivaient dans les pays baltes devenus indépendants en 1991, 920 000 dans les trois républiques slaves (Biélorussie, Russie, Ukraine), 50 000 en Moldavie, 44 500 dans les républiques transcaucasiennes (Arménie, Azerbaïdjan et Géorgie) et 105 000 dans les républiques asiatiques, à majorité musulmane (Kazakhstan, Kirghistan, Tadjikistan, Turkménistan, Ouzbékistan). En janvier 1992, l'URSS est devenue la Communauté des États indépendants (CEI) ; les anciennes républiques de l'URSS vivent en cette dernière décennie du XXe siècle une crise économique, sociale et politique sans précédent.

L'histoire des juifs de l'ex-URSS est marquée par son contexte géopolitique. Dans l'empire des tsars, ils étaient réprimés mais leurs communautés étaient bien vivantes même si elles étaient déchirées par divers courants idéologiques. La Révolution de février 1917 fut accueillie par eux avec enthousiasme. Le gouvernement provisoire leur accorda en mars 1917 tous les droits civiques, politiques et nationaux[29], mais la guerre civile qui suivit la révolution d'Octobre et la prise du pouvoir par les bolcheviks plongèrent les juifs dans la tourmente, provoquant l'émigration d'une fraction importante des classes moyennes. Cependant, nombreux furent les juifs d'URSS et d'autres pays rêvant dans les années 1920-1930, avec les communistes, à un monde radieux et égalitaire qui résoudrait définitivement le « problème juif ».

L'URSS, étant une mosaïque de peuples, de langues, de nationalités, devait répondre, dès sa création, aux questions qui se posaient à ce sujet. Elle le fit, de multiples manières, tout au long de son existence, tantôt en soutenant les revendications culturelles des peuples, tantôt en les réprimant et surtout en les russifiant[30]. Parmi ces peuples, il y avait les juifs. Mais étaient-ils vraiment un peuple ? Certes ils avaient une histoire, une langue — le *yiddish* que 97 % considéraient comme leur langue maternelle en 1897 — mais ils ne possédaient pas de territoire. L'État soviétique reconnut les juifs comme une *nationalité* recensée comme telle et indiquée sur leur passeport. En guise de territoire, il créa, en 1928, aux confins de la Russie asiatique, la république autonome du Birobidjan[31], qui n'exerça jamais aucun attrait sur les juifs. En 1992, ils proposent même à la Russie de la rendre aux Cosaques[32].

Dans les années 1920-1930, des juifs se sont fortement intégrés dans la vie politique, sociale et culturelle de l'URSS. Leurs intellectuels pouvaient s'exprimer en *yiddish*, à défaut de l'hébreu considéré comme la langue religieuse ou, pire, celle de la renaissance « nationaliste » et « bourgeoise » (le sionisme). À partir de 1936 et jusqu'en 1985, les pouvoirs soviétiques réprimèrent sévèrement les affirmations de l'identité culturelle et religieuse, tout en prétendant que les juifs n'étaient victimes d'aucune discrimination. Il est vrai qu'une propagande anti-religieuse virulente s'étendait alors à toutes les confessions des citoyens soviétiques.

Face à cette politique, une fraction des juifs cherche à s'assimiler : ils se russifient, leurs structures socio-professionnelles se transforment et s'intègrent dans la société soviétique, malgré un *numerus clausus* non avoué handicapant leur promotion sociale ; les mariages mixtes se multiplient. D'autres juifs — et parfois les mêmes lorsqu'ils ont personnellement subi des manifestations d'antisémitisme — refusent de se couper de leurs racines juives. Ils se heurtent aux persécutions staliniennes ; des centaines sont emprisonnés ou exécutés[33].

Dans les années 1960, des juifs soviétiques sortent du

silence : timidement d'abord, puis avec de plus en plus de fermeté, ils revendiquent la liberté d'expression de leur identité religieuse et culturelle et surtout la possibilité de quitter l'URSS. Cette tendance s'accentue après la guerre des Six-Jours qui s'accompagne de la rupture des relations diplomatiques de l'URSS avec l'État d'Israël et d'une campagne antisioniste et antisémitique particulièrement violente. Les appels au secours sont peu à peu entendus par les pays occidentaux et leurs juifs ainsi que par l'État d'Israël[34]. Sous leur pression et dans le contexte de la détente entre l'Est et l'Ouest, les portes de l'URSS s'entrouvrent : de 1969 à 1980, 270 000 juifs ont obtenu un visa d'émigration[35]. Parmi eux, 60 % ont rejoint Israël, les autres ont trouvé refuge en Amérique et en Europe occidentale.

Le visa d'émigration pour les juifs comme d'ailleurs pour d'autres peuples de l'URSS devint un enjeu des relations entre les pays occidentaux et l'Union soviétique. De 1981 à 1985, ce flux migratoire s'est virtuellement tari, l'intervention soviétique en Afghanistan avait « refroidi » les relations entre l'Est et l'Ouest. En 1985, après la première rencontre entre Reagan et Gorbatchev, la « guerre froide » s'achève par l'éclatement du bloc de Varsovie et celui de l'URSS elle-même.

Dans ce bouleversement géopolitique de l'Europe de l'Est, les juifs d'URSS se trouvent à la croisée des chemins : entre 1989 et 1992, 400 000 ont opté pour l'immigration en Israël[36] ; d'autres les rejoindront dans un proche avenir. Une fraction encore importante s'efforce de reconstruire sur place des communautés juives vivantes : depuis 1987-1988, on assiste à l'organisation de multiples activités culturelles et intellectuelles juives, l'enseignement de l'histoire, de la pensée et des langues juives, dont l'hébreu, se développe dans les universités et dans des associations privées. En même temps, se dessine un retour à la pratique religieuse officiellement autorisée pour toutes les confessions depuis septembre 1990[37]. Ce réveil de l'identité juive dans un pays qui, par de multiples moyens, a essayé de la déraciner pendant sept décennies est un événement majeur dans l'histoire contemporaine du peuple juif. Mais dans l'instabilité politique des républiques regroupées dans la CEI dont chacune poursuit ses propres objectifs, cette liberté d'émigration et cette renaissance de la vie communautaire juive se maintiendront-elles ? La fin du XXe siècle est lourde d'espérances mais aussi de menaces pour tous les peuples de l'ex-URSS dont le peuple juif.

L'histoire des juifs en Pologne est encore plus tragique. Dans ce pays où ils sont arrivés à partir du Xe siècle, existaient de nombreuses communautés dont la vitalité religieuse et culturelle rayonnait sur les judaïcités achkénazes de la diaspora. L'antisémitisme qui s'y développe au XIXe siècle connaît un regain avec la flambée nationaliste liée à l'indépendance de la Pologne en 1920.

En 1939, les 3 500 000 juifs de Pologne constituaient 10,5 % de la population du pays[38]. Non seulement les nazis en ont exterminé trois millions mais c'est aussi dans ce pays qu'ils ont construit la plupart de leurs camps de concentration[39]. Au lendemain de la guerre restaient en Pologne quelques rescapés des camps et des juifs, peu nombreux, qui avaient été cachés par des chrétiens. D'autres étaient revenus d'URSS ou même de Chine où ils avaient trouvé provisoirement refuge. En 1946, on comptait ainsi 240 000 juifs en Pologne. Parmi eux, les plus aisés réclamaient la restitution de leurs biens qui avaient été « aryanisés » par les nazis. Cette revendication ainsi que la participation juive à l'instauration du régime communiste (en raison de la protection accordée aux juifs par l'Armée rouge) provoquèrent des pogroms dont le plus important fut celui de Kielce en 1946[40]. Une nouvelle vague d'antisémitisme déferla en 1968 à l'instigation du régime communiste cette fois, provoquant un courant d'émigration vers Israël et le monde libre.

En 1990, on estimait à 3 800 le nombre des juifs en Pologne. Dans les années 1980, des intellectuels juifs ont participé au mouvement *Solidarnosc*, mais le faisaient-ils en tant que juifs ? Profondément assimilés, ils rêvaient à des temps meilleurs pour la Pologne[41] qui, depuis 1989-1990, est libérée de l'emprise soviétique. Malgré quelques efforts de rapprochement, l'antisémitisme est toujours vivace en Pologne comme on a pu le voir à propos de l'affaire du Carmel d'Auschwitz. La communauté juive est trop âgée et trop faible pour tenter une vraie renaissance.

En Hongrie, par contre, la vitalité juive n'est pas éteinte. Implantés dans ce pays depuis l'Antiquité, les juifs de Hongrie ont été émancipés en 1867 sous le règne de François-Joseph. Ils se sont rapidement assimilés et ont joué un rôle dans la vie intellectuelle et politique du pays. En 1918, la Hongrie proclame son indépendance confirmée par le traité de Trianon (1920) qui lui enlève ses possessions en Slovaquie, Ruthénie, Transylvanie et Croatie : depuis, les Hongrois se trouvent au cœur des conflits inter-ethniques d'Europe. Les Allemands, qui n'ont occupé la Hongrie qu'en 1944, ont décimé l'importante communauté juive avec la collaboration du mouvement fasciste hongrois des Croix fléchées. Parmi les rescapés, certains ont accueilli avec joie les libérateurs soviétiques, d'autres ont émigré.

Sous le régime communiste certaines institutions juives de Hongrie dont le séminaire rabbinique, le seul fonctionnant en Europe de l'Est, ont pu subsister. Bien qu'en 1956 la première révolte hongroise ait été écrasée par les chars soviétiques, le pays s'est libéralisé plus rapidement que les autres membres du bloc de Varsovie. Dès les années 1980, des juifs ont pu réaffirmer leur identité. Aidés par des organisations juives internationales, leurs synagogues ont été réouvertes, leurs écoles ont repris vie, et l'on assiste à la renaissance spirituelle et culturelle de la judaïcité hongroise [42]. On estimait, en 1990, à 57 000 le nombre des juifs en Hongrie.

Dans les autres pays de l'ancien bloc communiste vivaient, en 1990, 7 800 juifs en Tchécoslovaquie (partagée depuis le 1er janvier 1993 entre les républiques tchèque et slovaque), 17 500 en Roumanie, 3 100 en Bulgarie et 4 500 en Yougoslavie. En 1991, les 300 derniers juifs d'Albanie ont immigré en Israël.

Ballottés par l'histoire, les juifs de ces pays ont connu l'émancipation à la fin du XIXe siècle en Bohême, en Moravie, dans les provinces yougoslaves mais seulement en 1919 en Roumanie. Toutes ces communautés nombreuses ont été ravagées par la *Shoah*. Elles ont vécu, par la suite, pendant quatre décennies, sous des régimes communistes qui, toutefois, autorisaient l'émigration. À présent, elles reprennent espoir mais la renaissance sera difficile dans l'ex-Tchécoslovaquie, en Roumanie et en Bulgarie où les populations juives sont vieillissantes. Toutefois, depuis 1989, la liberté retrouvée permet aux juifs un certain renouveau spirituel et culturel.

Les juifs de Yougoslavie, à majorité séfarades, sont plongés dans la tourmente de la guerre civile qui déchire ce pays depuis 1991. Certains ont émigré mais d'autres, à Zagreb et à Sarajevo, refusent de se séparer des peuples parmi lesquels ils ont vécu depuis des siècles.

Des conflits inter-ethniques menacent, en cette fin du XXe siècle, tous les pays de l'Europe de l'Est. L'éveil des nationalités s'accompagne souvent de nouvelles formes d'antisémitisme. Pour les juifs de ces pays s'ouvrent, avec la liberté retrouvée, trois options : l'assimilation, la renaissance spirituelle et culturelle ou l'émigration.

III.

AMÉRIQUES

Christophe Colomb était-il d'origine juive ? La question reste ouverte mais il est certain que des marranes se trouvaient parmi les premiers colonisateurs du Nouveau Monde. Des communautés juives ont été fondées au XVIe siècle dans les établissements espagnols, portugais et hollandais d'Amérique latine. Il s'agissait toujours de séfarades.

Cinq siècles plus tard, 6 278 000 juifs, en majorité achkénazes, vivent sur le continent américain. La plus grande judaïcité du monde est celle des États-Unis (5 535 000). Viennent ensuite celles du Canada (310 000), d'Argentine (215 000) et du Brésil (100 000) ; 118 000 juifs vivent dans les autres pays d'Amérique latine regroupés dans des communautés moins importantes. Sur tout le continent américain, les juifs sont des immigrants parmi d'autres, affluant depuis un demi-millénaire, d'Europe pour la plupart. Tous partagent le « rêve américain » qui se concrétise cependant sous les formes les plus diverses selon l'évolution politique et économique de ces nouveaux pays.

États-Unis

Dès le XVIe siècle, quelques juifs sont parvenus sur le territoire qui deviendra celui des États-Unis. Si le premier juif a été recensé en 1585 à Roanoke dans l'actuel État de Virginie[1], la première communauté a été fondée à La Nouvelle-Amsterdam en 1654 par vingt-trois juifs séfarades de Recife (Brésil) fuyant l'Inquisition qui s'était étendue au Nouveau Monde. Ils furent fraîchement accueillis par Peter Stuyvesant, le gouverneur hollandais de la future ville de New York (1664), mais purent finalement s'y établir. À partir de cette date, on vit arriver d'autres juifs d'abord séfarades puis achkénazes qui fondèrent des communautés en essaimant sur la côte est. Jusqu'au milieu du XIXe siècle, ils n'étaient guère nombreux : en 1826, on comptait seulement 6 000 juifs aux États-Unis. Ce chiffre passe à 250 000 en 1880. En l'espace d'un demi-siècle, des juifs d'Allemagne, de Hongrie et de Bohême ont afflué aux États-Unis : ils s'intègrent dans la vie économique et sociale américaine et jettent les fondements des communautés actuelles. Mais les immigrants les plus nombreux arrivent entre 1880 et 1920. Ils sont originaires d'Europe orientale, pauvres et de civilisation *yiddish*.

Si la génération immigrée voit rarement la réalisation de ses rêves, ses enfants connaissent déjà une mobilité sociale ascendante[2]. Ce flux se réduit à partir de 1921 et surtout de 1924, quand les États-Unis limitent sévèrement l'immigration en fixant des quotas par pays. L'époque où, chaque année, des immigrants arrivaient par centaines de milliers est révolue. Entre les deux guerres, la législation frappe durement les juifs d'Europe orientale et ceux d'Allemagne cherchant un refuge après la prise de pouvoir par Hitler. De 1933 à 1941, environ 200 000 juifs ont cependant été admis aux États-Unis, parmi eux, de nombreux intellectuels et artistes[3]. En 1950, 5 000 000 de juifs vivaient aux États-Unis. Depuis, ils ont été rejoints par d'autres immigrés dont les groupes les plus nombreux viennent d'Israël et d'URSS. Aujourd'hui, la grande période formatrice de la judaïcité américaine par l'immigration est achevée. En 1990, seulement 9 % des juifs américains sont nés ailleurs qu'aux États-Unis.

Selon la plus récente enquête nationale menée en 1990 sur les juifs des États-Unis[4], leur nombre varie de 5 515 000 à 8 190 000, selon la définition de l'identité juive. Le premier chiffre ne concerne que le « noyau », c'est-à-dire les juifs qui s'affirment comme tels, le second inclut les personnes d'origine juive mais pratiquant une autre religion ainsi que les membres non juifs (1 350 000) des familles mixtes. En effet, le nombre des descendants issus de mariages mixtes s'accroît rapidement depuis 1965. Avant 1965, 69 % des mariages célébrés l'étaient entre deux partenaires juifs ; entre 1965 et 1990, 57 % des mariages conclus étaient mixtes. Seulement 25 % des enfants nés de ces unions seraient élevés dans la tradition juive.

Par ailleurs, la natalité en milieu juif (1,5) est en régression depuis vingt ans. Elle est plus faible que dans l'ensemble de la population blanche des États-Unis. La relative stabilité numérique de la population juive n'a été assurée que par l'immigration de ces dernières décennies.

Les juifs, si l'on retient l'estimation la plus faible, constituent, en 1990, 2,2 % de la population américaine. Ils forment le troisième groupe confessionnel après les protestants et les catholiques. Toutes les autres minorités ethnico-religieuses sont moins nombreuses.

Le rôle que les juifs jouent aux États-Unis est lié à leur

niveau d'instruction et à leurs activités professionnelles. Le niveau d'instruction de la population juive est nettement plus élevé que celui de l'ensemble de la population blanche américaine : 26 % des juifs sont titulaires de diplômes universitaires contre seulement 8,7 % de tous les Américains. À l'autre extrémité, 62 % des Américains n'ont pas dépassé le niveau de l'enseignement secondaire contre seulement 28 % des juifs. Ces différences s'accentuent encore dans les jeunes générations : en 1990, parmi les personnes âgées de 30 à 39 ans, 33 % des juifs contre 11 % des Américains blancs possèdent des diplômes universitaires.

Les structures socio-professionnelles de la judaïcité américaine sont une conséquence de ce niveau d'instruction élevé. Parmi les juifs, 39 % des hommes, 36 % des femmes exercent des professions libérales ou scientifiques (contre 15 % dans la population globale), 16 % des hommes, 13 % des femmes juifs sont cadres supérieurs (contre respectivement 14 % et 16 % dans la population globale), 24 % des hommes, 41 % des femmes appartiennent aux couches moyennes (employés, commerçants). En bas de l'échelle, parmi les juifs 20 % des hommes et 10 % des femmes exercent des métiers manuels ou travaillent dans les services : cette proportion est en augmentation depuis vingt ans. La forte mobilité sociale ascendante des juifs est le résultat de leurs efforts individuels et collectifs : ils ont réussi, souvent en deux ou trois générations, à s'intégrer dans la vie économique et sociale d'une société qui favorise toutes les libertés dont celle de l'invention et de l'entreprise. La société américaine a donné aux juifs ses chances, même s'il demeure, en milieu juif, des îlots de pauvreté. Et la contribution des juifs au développement des sciences et des techniques est importante aux États-Unis comme en Europe ou en Israël.

La population juive des États-Unis est essentiellement urbaine. L'agglomération de New York, avec ses 2 200 000 juifs, demeure toujours la plus grande ville juive du monde. Mais depuis cinquante ans, la population juive a de plus en plus tendance à se disperser sur tout le territoire des États-Unis. Pendant les dernières décennies de ce siècle, cette tendance s'accentue : comme pour l'ensemble de la population américaine, la migration intérieure se dirige du centre-ville vers les banlieues résidentielles, du nord-est vers l'ouest et le sud. Avec ses 604 000 juifs, Los Angeles est aujourd'hui le deuxième centre juif des États-Unis. Le phénomène le plus important pour l'avenir de la judaïcité américaine est sa dispersion en petites communautés dans des villes moyennes. Avec les mariages mixtes, elle est l'un des signes de l'intégration dans la société américaine ; mais elle rend plus difficile la constitution de communautés pouvant soutenir l'affirmation de l'identité juive.

Citoyens, les juifs jouent un rôle dans la vie politique. Peut-on parler de vote juif ? Dans une certaine mesure, le système électoral américain permet aux grandes agglomérations juives de s'exprimer fortement. Au niveau d'élections municipales, législatives et même présidentielles, le vote juif peut être d'un certain poids [5]. Depuis les années 1930, les juifs soutiennent plutôt les démocrates : l'élection de Bill Clinton en novembre 1992 a une fois de plus confirmé cette tendance : 86 % des juifs lui ont apporté leurs suffrages ; sur les 56 sénateurs du parti démocrate, 9 sont juifs ; sur les 33 députés juifs élus à la Chambre des Représentants, 27 sont démocrates [6].

Américanisés, les juifs des États-Unis sont-ils encore juifs ? Religion et/ou ethnicité peuvent être dans la société pluraliste américaine des ancrages d'identité pour toutes les minorités. Le sont-elles encore pour les juifs ? Des auteurs comme A. Hertzberg sont plutôt pessimistes. L'enquête socio-démographique de 1990 (*cf.* note 4) est prudente : dans sa conclusion, elle souligne la *fluidité* de la judaïcité américaine partagée, même si elle se dit religieuse, entre trois grands courants : 43 % de réformés, 40 % de conservateurs, 7 % d'orthodoxes. Les fêtes les plus célébrées sont le *Seder* de *Pessah* (62 %). Mais seulement 48 % des juifs jeûnent pour *Kippour*, 33 % sont membres d'une synagogue, 28 % d'une organisation juive et 26 % ont visité Israël.

L'organisation même de la plus grande judaïcité du monde conserve son originalité américaine. Les États-Unis, comme leur nom l'indique, sont une fédération d'États conservant dans une certaine mesure leur législation et leurs institutions spécifiques. Divers par leurs origines et leurs options idéologiques — comme dans tout le monde libre —, individualistes, mais aspirant à une certaine convivialité, les juifs américains ont créé des centaines, voire des milliers d'associations. Historiquement, au début, chaque implantation juive fondait sa synagogue ainsi que des sociétés chargées de la bienfaisance et de l'éducation. La synagogue n'est plus aujourd'hui seulement un lieu de prières et d'études mais un centre de socialité juive permettant des rencontres ainsi que le développement de multiples activités éducatives, culturelles et même récréatives. À côté des synagogues affiliées aux différents courants religieux, existent d'autres organisations répondant à la diversité ethnique et idéologique des juifs américains.

L'adhésion à une organisation juive est toujours volontaire. Localement, les organisations peuvent être fédérées. Ces fédérations animent la vie juive sur le plan local qui peut s'étendre sur tout le territoire d'un État fédéral. Le Conseil juif des fédérations (CJF) regroupe la plupart de ces fédérations locales qui conservent cependant leur autonomie. En réalité, il n'existe pas d'institution élue représentative de la judaïcité américaine, mais un nombre important d'organisations jouant parfois un rôle fédératif. Ainsi, les trois grands mouvements religieux (*cf.* chap. 6) possèdent chacun leur organisation fédérant ses synagogues et ses rabbins, même si le Conseil des synagogues d'Amérique s'efforce de les coordonner d'une certaine manière.

Par ailleurs, la Conférence des présidents regroupant les présidents d'une trentaine d'organisations importantes joue un rôle politique face au gouvernement américain[7]. De plus, les juifs américains ont fondé des organisations comme l'*American Jewish Committee*, les *Bna'ï Brith* ou l'*American Joint Distribution Committee* dont les objectifs et les activités dépassent largement les frontières des États-Unis.

Cette profusion de grandes organisations, dont aucune n'est nationale au sens jacobin et centralisateur, exprime bien la spécificité de la judaïcité américaine. Une autre expression de sa créativité est le développement de sa productivité dans le domaine du judaïsme. Dans la plupart des universités américaines fonctionnent des départements ou, du moins, des cours d'études juives. Ces enseignements se répartissent entre toutes les disciplines allant de l'étude de la pensée juive traditionnelle, de l'hébreu et des langues juives à l'histoire et à la sociologie[8]. La presse juive américaine est particulièrement abondante ; la production littéraire, scientifique et religieuse d'ouvrages à thème juif est impressionnante et dépasse de loin le seul public américain et juif du fait de la diffusion de la langue anglaise. Cette intense activité intellectuelle est le signe le plus évident de la vitalité de la judaïcité américaine. La diaspora américaine est aujourd'hui le pôle majeur de la créativité spécifiquement juive, parfois en liaison avec l'État d'Israël (*cf.* chap. 8). Au cours de l'histoire, les principaux pôles juifs de créativité se sont déplacés de pays en pays. Depuis un demi-siècle, ou, en d'autres termes, depuis la *Shoah*, la judaïcité américaine n'est pas seulement la plus nombreuse mais encore la plus vivante sur le plan intellectuel. Les judaïcités d'Europe, qui se sont reconstruites après la guerre, n'ont pas encore rejoint le niveau de créativité intellectuelle de la judaïcité des États-Unis.

Canada

Le Canada est une confédération de provinces. Découvert et colonisé par des Français et des Anglais à partir du XVIe siècle, il est aujourd'hui à majorité anglophone. Cependant, la province du Québec, restée francophone, revendique fortement l'identité française. Le Canada demeure lié à la Couronne britannique, mais se développe sous l'influence socio-économique des États-Unis.

Les juifs du Canada s'insèrent dans ce contexte : ils entretiennent d'étroites relations avec ceux des États-Unis, tout en participant aux tensions entre anglophones et francophones qui marquent la vie politique canadienne.

La première communauté juive a été fondée en 1768 par des séfarades à Montréal, mais dans la première moitié du XIXe siècle seulement une centaine de juifs venant d'Angleterre et des États-Unis vivaient au Canada. À partir de 1880, on y voit affluer des immigrants surtout originaires d'Europe orientale. C'est à

Montréal et à Toronto que s'implantent les communautés les plus importantes. En 1927, le Canada limite sévèrement l'immigration. Celle-ci reprend cependant au lendemain de la Seconde Guerre mondiale : elle se compose alors d'abord de personnes déplacées pendant la guerre puis, à partir des années 1950, d'un groupe de juifs originaires d'Afrique du Nord, notamment du Maroc, enfin, depuis les années 1960-1970, d'Israéliens et de juifs soviétiques. La judaïcité canadienne se définit volontiers comme une *mosaïque* semblable à la diversité des groupes ethno-religieux de l'ensemble de la population canadienne [9].

L'immigration au Canada a toujours été sélective. Ce pays accueille de préférence des immigrants possédant les qualifications nécessaires pour son développement économique. L'immigration juive n'échappe pas à cette règle : elle est composée surtout de pauvres aspirant à des conditions meilleures, mais possédant, selon les époques, les qualifications professionnelles nécessaires pouvant contribuer au développement du pays. Globalement, l'intégration socio-économique des immigrants juifs a été une réussite marquée, dès la deuxième génération, par une mobilité sociale ascendante. Mais chaque vague d'immigration s'accompagne de nouvelles difficultés d'acculturation. La réussite est inégale : la judaïcité canadienne a aussi ses démunis [10].

En majorité, les juifs canadiens sont achkénazes et anglophones. Depuis les années soixante, les juifs originaires d'Afrique du Nord, regroupés surtout à Montréal, affirment fortement leur francophonie et leur appartenance séfarade. Leur intégration socio-économique réussie dans la vie canadienne s'accompagne de fortes tensions au sein même de la communauté juive. Alors que, dans leur majorité, les juifs canadiens sont fédéralistes, certains, originaires d'Afrique du Nord, sympathisent, au moins au Québec, avec les partis qui luttent pour l'indépendance de cette province francophone. Le bilinguisme déchire ainsi les milieux juifs.

L'organisation représentative des juifs du Canada est le Congrès juif canadien (CJC) fondé en 1919. Dès 1920, cette institution a créé la *Jewish Immigration Aid Society* (JIAS ou HIAS) qui joue encore un rôle très important, dépassant largement les frontières du Canada dans le transfert et l'accueil des migrants juifs. Dans les années 1950-1960, le JIAS a facilité le transfert de plusieurs milliers de juifs du Maroc au Canada. Les juifs marocains se sont inspirés du modèle des *Landsmannschaften* regroupant les originaires d'un même pays, voire d'une même ville, en créant à Montréal une Assocation séfarade francophone (ASF) puis la Communauté séfarade du Québec[11]. Cet organisme, fondé en 1976, mène un double combat pour la reconnaissance de la séfardité par la majorité achkénaze et par les pouvoirs publics du Québec qui soutiennent ses initiatives. En 1990, les séfarades ont créé le Congrès séfarade du Canada ayant pour objectif la reconnaissance de l'identité culturelle spécifique des séfarades au sein de la judaïcité canadienne[12]. Sous les regards étonnés, voire désapprobateurs de la majorité achkénaze, la judaïcité francophone du Canada devient ainsi un pôle majeur de la séfardité en diaspora.

Amérique latine

Bien qu'aujourd'hui, les judaïcités les plus importantes du continent soient celles des États-Unis et du Canada, il ne faut pas oublier que les premières communautés juives ont été fondées dès le XVIe siècle par des séfarades en Amérique latine.

En cette dernière décennie du XXe siècle, en Amérique centrale et méridionale, les conditions économiques sont beaucoup moins favorables qu'en Amérique du Nord. L'histoire récente de ce sous-continent est marquée par des révoltes et des putschs militaires ; la liberté est moins assurée qu'aux États-Unis et au Canada. Pourtant, ces pays ont offert, pendant des siècles, des chances aux immigrants, et parmi eux, aux juifs. En 1990, 433 400 juifs vivaient dispersés dans la plupart des pays d'Amérique latine dont 46 700 en Amérique centrale et 386 700 en Amérique du Sud.

Les premiers arrivés étaient des *conversos* dont un certain nombre de marranes qui suivaient les conquérants espagnols et portugais avec l'espoir d'échapper à l'Inquisition pratiquée dans la péninsule Ibérique. Dès le début du XVIe siècle, ils s'implantèrent d'abord dans les îles, puis au Mexique et au Brésil, mais ces communautés crypto-juives furent rattrapées par l'Inquisition qui commença à sévir à partir de 1528. Elle fut officiellement établie en 1570 dans le Nouveau Monde dominé par les Espagnols et les Portugais : à partir de cette date et jusqu'au XIXe siècle, elle fit des ravages parmi les *conversos* qui revenaient au judaïsme. C'est pourquoi marranes et juifs cherchèrent refuge dans les possessions hollandaises et britanniques. Ainsi, par exemple, à Curaçao et au Surinam, se développèrent, dès le XVIIe siècle, des communautés juives dont, aujourd'hui, il ne reste que quelques vestiges.

Les communautés actuelles ont été fondées par trois ou quatre vagues d'immigration à partir du XIXe siècle. Des juifs anglais, français, italiens et suisses en ont été les précurseurs. Dès 1880, arrivèrent des séfarades originaires de l'Empire ottoman et du Maroc et des achkénazes d'Europe orientale. Une deuxième vague, plus nombreuse, composée également de séfarades et d'achkénazes, s'oriente dans les années 1920-1930 vers l'Amérique latine du fait des restrictions imposées par les États-Unis et le Canada. Ils sont rejoints, à partir de 1933, par des réfugiés allemands et autrichiens. Lors de la Conférence d'Évian convoquée en 1938 par F. Roosevelt, seule la République Dominicaine déclara accepter 100 000 juifs : 600 arrivèrent à bon port, mais environ 5 000 furent sauvés grâce à des passeports dominicains.

Depuis 1945, des juifs d'Europe et des pays arabes (*cf.* chap. 4) ont immigré en Amérique latine. Par ailleurs, les migrations juives entre les différents pays de ce sous-continent sont fréquentes : elles peuvent avoir pour corollaire la disparition d'une communauté ou, au contraire, le développement d'une nouvelle judaïcité.

En Amérique centrale, en cette fin du XXe siècle, la judaïcité du Mexique est la plus nombreuse (35 000). Elle se compose d'achkénazes et de séfarades dont certains sont arrivés depuis le XIXe siècle. Comme ailleurs en Amérique latine, la connaissance du judéo-espagnol a facilité l'intégration économique et sociale. De nombreux Mexicains se souviennent de leurs origines crypto-juives et cherchent leurs racines. Un groupe d'Indiens se considère comme juif : ils seraient soit des convertis au judaïsme, soit des descendants de marranes ayant épousé des femmes indiennes. Récemment, le judaïsme de ces Indiens a été reconnu par la communauté mexicaine et dans les années 1980, certains ont immigrés en Israël[13]. Cet exemple n'est qu'un parmi d'autres : au Mexique comme ailleurs en Amérique centrale, dans les Îles et au Brésil, des marranes s'affirment juifs et veulent rejoindre la communauté. Celle-ci est bien organisée à Mexico sous les auspices d'un Comité central israélite.

Des communautés relativement importantes vivent au Panama (5 000) et au Costa Rica (2 000). Les autres judaïcités des pays d'Amérique centrale comptent moins de mille membres. Dans les Antilles, à Cuba avant l'arrivée au pouvoir de Fidel Castro en 1959, était implantée, depuis le XIXe siècle, une communauté nombreuse que le castrisme a poussée à émigrer. Aujourd'hui, la judaïcité cubaine est réduite à 700 personnes, pauvres parmi les pauvres, mais jouissant d'une certaine liberté [14]. Environ 1 500 juifs fortement dispersés entre les autres îles forment de très petites communautés. La seule judaïcité relativement nombreuse est celle de Porto Rico (1 500) fondée par des Américains pendant la Seconde Guerre mondiale. Des juifs cubains y ont trouvé refuge. La *Federacion de Comunidades Judias de Centro-America y Panama* (FEDECO) s'efforce de maintenir une certaine cohésion entre les communautés d'Amérique centrale.

La plus grande agglomération juive d'Amérique centrale est Mexico. Dans les autres pays, les principales communautés juives vivent surtout dans les capitales. Au Mexique, au Panama et au Costa Rica, des juifs ont réalisé le « rêve américain » : ils appartiennent aujourd'hui aux couches les plus aisées. Au Nicaragua et au Salvador [15], les révolutions des années 1970 et 1980 ont provoqué l'émigration de nombreux juifs.

En Amérique du Sud, l'Argentine et le Brésil possèdent les communautés juives les plus nombreuses figurant respectivement aux sixième et huitième rangs parmi les judaïcités de la diaspora.

Des marranes étaient établis en Argentine aux XVIe et

XVIIe siècles. En 1816, quand l'Argentine devint indépendante, elle fit appel à des immigrants pour la mise en valeur du pays. Parmi eux, des juifs affluent à partir de 1880. Des juifs tangerois sont attirés par les chances que leur offre l'Argentine. En réponse aux pogroms tsaristes, des organisations juives européennes étaient en quête de solutions pour leurs coreligionnaires. À l'initiative du baron Moritz de Hirsch, fut fondée l'Association israélite de colonisation (ICA) : elle acquit des terres en Argentine dont l'exploitation fut confiée à des milliers de juifs russes devenus agriculteurs. Les premiers succès de cette expérience firent rêver Léon Pinsker et Théodore Herzl : le pays des juifs devait-il être fondé en Argentine ou en Palestine (*cf.* chap. 5) ? Au XIXe siècle, la mutation des juifs en agriculteurs figurait parmi de nombreux projets relatifs à la transformation des structures socioprofessionnelles des juifs. En dehors d'*Eretz Israel*, l'expérience n'a réussi et ce, partiellement, qu'en Argentine. Aujourd'hui, des juifs exploitent encore ces terres mais leurs descendants sont en majorité devenus des citadins à Buenos Aires, Rosario, Cordoba ou Santa Fe.

Les immigrés qui affluent jusque dans les années 1920-1930 apportent avec eux non seulement la diversité de leur conception du judaïsme (*cf.* chap. 6) mais aussi leurs idéologies politiques. Beaucoup de leurs descendants sympathisent avec la gauche et dans les années 1970, avec l'extrême gauche. Déjà sous les gouvernements de Péron mais surtout sous la dictature du général Videla (1976-1983), des juifs ont été emprisonnés : au moins 500 ont « disparu », assassinés par la junte militaire. Cela explique que, dans les années 1970-1980, de nombreux juifs aient émigré pour Israël, l'Amérique du Nord ou l'Europe [16].

En 1990, on estime à 215 000 le nombre des juifs vivant en Argentine ; 20 % seraient séfarades, 80 % achkénazes.

Après le retour de l'Argentine à la démocratie, leur situation politique s'est améliorée. Dans ce pays pauvre, les juifs appartiennent, en majorité, aux couches moyennes voire aisées. Malgré l'instabilité politique et économique, la vie culturelle juive s'affirme. L'hébreu se développe, remplaçant, parmi les jeunes, le *yiddish* et le judéo-espagnol[17]. La *Delegacion de los Asociaciones Israelitas Argentinas* (DAIA), fondée en 1939, représente les intérêts de la judaïcité argentine face aux pouvoirs publics, même dans les périodes de crise politique.

Au Brésil, des crypto-juifs ont joué aux XVIe et XVIIe siècles un rôle important dans la colonisation du pays. La judaïcité brésilienne estimée actuellement à 100 00 personnes n'a été fondée officiellement qu'à la fin du XIXe, après l'indépendance du pays en 1822[18]. Elle se compose, comme celle d'Argentine, de séfarades (20 %) et d'achkénazes (80 %). Les plus grandes agglomérations juives se trouvent à São Paulo et Rio de Janeiro. Dans ce pays multiracial, marqué par de profondes inégalités sociales, les juifs sont bien intégrés dans les couches les plus aisées de la population. Très tentés par l'assimilation, ils maintiennent, cependant, des activités culturelles juives. Leur principale institution, la *Conferaçao Israelita do Brasil* (CIB), fondée en 1951, fédère de nombreuses associations locales.

Après celle du Brésil, les communautés d'Uruguay (24 000) et du Venezuela (20 000) sont les plus nombreuses d'Amérique du Sud. Les juifs d'Uruguay ont été troublés, dans les années 1960-1970, par la révolte des Tupamaros, suivie d'un régime militaire. Quant au Venezuela, pays producteur de pétrole, sa relative prospérité a provoqué un afflux d'immigrants juifs fuyant l'instabilité politique d'autres pays latino-américains.

Le Chili (15 000 juifs) illustre les conflits idéologiques

qui peuvent déchirer les judaïcités d'Amérique latine. Le régime socialiste de Salvador Allende (1970-1973) a effrayé les juifs les plus aisés dont certains ont émigré. Puis la dictature du général Pinochet (1973-1989) a divisé les milieux juifs : des entrepreneurs et des commerçants ont soutenu ce régime pourtant peu respectueux des droits de l'homme, mais d'autres, surtout parmi les jeunes, ont manifesté contre Pinochet [19] dont la dictature a fini par s'effondrer.

Six mille six cents juifs vivent en Colombie, 3 300 au Pérou : l'instabilité politique les incite à émigrer. Au Pérou, un petit groupe d'Indiens, descendants de marranes, s'est converti au judaïsme et a immigré, en 1990, en Israël [20]. Les judaïcités du Paraguay (900), d'Équateur (900), de Bolivie (700) éprouvent des difficultés à survivre. La communauté du Surinam, ancienne colonie néerlandaise autrefois florissante, ne compte plus que 200 juifs et n'a pas de rabbin.

En Amérique latine, comme ailleurs dans le monde, l'existence des communautés juives est liée au respect des droits de l'homme. Or, dans les années 1980, la plupart de ces pays se sont démocratisés. Toutefois, la survie d'une judaïcité dépend aussi de son dynamisme démographique et intellectuel.

Les communautés juives d'Amérique latine affirment leur identité dans un environnement politique et économique souvent peu favorable. Dans la mesure où elles s'intègrent dans la vie sociale, elles s'assimilent ; en même temps, elles sont en quête de racines permettant de transmettre le judaïsme dans ses expressions religieuses et culturelles.

IV.

AFRIQUE, ASIE, OCÉANIE

Les bouleversements de ce siècle ont entraîné pour les anciennes judaïcités d'Afrique et d'Asie des migrations et des mutations d'une ampleur exceptionnelle. Alors qu'en 1948, 580 000 juifs vivaient en Afrique du Nord et 650 000 en Asie, principalement en pays musulmans, en 1991, ils ne sont plus respectivement que 12 000 et 33 000 [1], mis à part la population d'Israël qui représente la communauté juive la plus importante d'Asie et du monde. En Afrique, la plus grande judaïcité vit aujourd'hui en Afrique du Sud.

Juifs en terre d'Islam

Du Maghreb à la Perse, la fondation des premières communautés juives remonte, selon les légendes d'origine, à l'époque de Salomon ou, au moins, à celle du second Temple. Face à tous les conquérants, face au christianisme et surtout à l'islam, les juifs ont non seulement affirmé leur foi, mais encore développé des centres florissants dont le rayonnement spirituel et culturel a profondément marqué le patrimoine juif.

À la fin du XVe siècle, l'Empire ottoman s'étendait du

Maghreb central aux frontières de la Perse. Le sultan Bajazet II facilita dans ces provinces l'installation des juifs expulsés d'Espagne. En pays d'Islam, juifs et chrétiens, « gens du Livre », avaient le statut de *dhimmis* qui les considérait comme soumis aux musulmans, mais leur accordait une large autonomie interne : aussi les juifs organisaient-ils leur vie communautaire réglée par leurs prescriptions religieuses tout en l'enrichissant de traditions spécifiques qui pouvaient varier d'un pays à l'autre, voire d'une agglomération à l'autre. Ces judaïcités mêlées, à partir du XVe siècle, aux séfarades, ont donné naissance à des cultures, des langues, des modes de vie et des traditions qui permettaient la coexistence judéo-musulmane[2].

À partir du XIXe siècle, la plupart des pays du Maghreb, du Proche et Moyen-Orient furent, soit colonisés, soit fortement influencés par les Britanniques et les Français, plus rarement les Allemands et les Italiens ; après 1918 ils devinrent des enjeux dans le partage de l'Empire ottoman. Au contact plus ou moins étroit avec les colonisateurs, des fractions de populations juives se modernisaient. Ce processus était d'ailleurs soutenu par de grandes organisations juives, telles que l'*Alliance israélite universelle* ou *l'Anglo-Jewish Association.* Des juifs orientaux et séfarades devenaient francophones ou anglophones : dès la fin du XIXe siècle et au début du XXe siècle, les plus aventureux émigrèrent vers l'Europe occidentale ou les Amériques.

Ce processus de modernisation et de migration resta néanmoins limité. Il ne se transforma en mouvement de masse qu'à partir de 1948 : la création de l'État d'Israël a rompu la coexistence judéo-arabe ; les juifs d'Irak et du Yémen ont été transférés, dans leur majorité, en Israël au début des années 1950 (*cf.* chap. 5). Quelques années plus tard, la décolonisation du Maghreb a accéléré l'émigration juive. En cette fin du XXe siècle, des communautés juives de quelque importance ne survivent qu'au Maroc, en Turquie et en Iran. Dans les autres pays arabo-musulmans, ne subsistent, dans des conditions de vie difficiles, que des communautés résiduelles.

Au Maroc, à la fin des années 1940, on recensait 250 000 juifs. Il n'y en a plus que 8 000 à 10 000 en 1990, mais c'est aujourd'hui la communauté juive la plus nombreuse en pays arabe. Depuis des décennies, des liens forts attachent les juifs du Maroc à leur roi qui est aussi leur protecteur ; aujourd'hui, ils sont citoyens marocains. La Constitution votée en 1972 établit la liberté de culte pour toutes les religions monothéistes. Le Conseil des communautés israélites du Maroc organise la vie religieuse et culturelle. Des dirigeants de cette judaïcité soulignent volontiers les possibilités de coexistence paisible entre Arabes et Juifs. Le roi Hassan II a essayé de jouer un rôle de médiation dans le conflit israélo-arabe. Des Israéliens peuvent se rendre au Maroc. Même réduite, cette communauté s'affirme comme un pôle de rassemblement pour les juifs marocains ayant émigré en Israël, en France et aux Amériques. La grande majorité des juifs du Maroc vit à Casablanca. Tandis que les anciennes communautés traditionnelles de Fès, Meknès ou Marrakech ont perdu leur population et leur éclat. Si quelques juifs marocains aisés peuvent jouer un rôle économique et même politique, la judaïcité marocaine possède toujours ses petits artisans, ses petits commerçants et ses pauvres[3]. L'avenir de cette judaïcité est incertain, les plus jeunes émigrent généralement pour poursuivre leurs études. Un changement de régime risquerait d'entraîner la disparition de cette communauté.

Depuis l'Antiquité, il existait des communautés juives en Asie Mineure. L'actuelle judaïcité turque est constituée par les descendants des fugitifs d'Espagne et quelques achkénazes arrivés aux XIXe et XXe siècles. En 1992, la communauté juive et les pouvoirs turcs ont commémoré le cinq centième anniversaire de la venue des juifs d'Espagne en insistant sur l'esprit de tolérance qui aurait marqué leur vie en Turquie.

En 1856, un firman avait accordé l'égalité des droits civils et civiques à tous les sujets ottomans, musulmans et non musulmans. La République puis la Constitution de 1961 ont déclaré l'égalité de tous les citoyens devant la loi, sans distinction confessionnelle. Toutefois, aujourd'hui encore, la religion figure sur la pièce d'identité de tous les citoyens turcs. Cependant, un mouvement d'émigration a commencé à la veille de la Première Guerre mondiale. De 80 000 en 1923, les juifs sont passés à 19 000 en 1990.

Les juifs de Turquie sont surtout des séfarades attachés au judéo-espagnol. À la fin du XIXe et au début du XXe siècle, ils ont appris le français et amorcé un processus d'occidentalisation dans les écoles de l'AIU. La perte du judéo-espagnol s'est accentuée après la révolution des Jeunes-Turcs. Les jeunes générations parlent le turc ou l'anglais. Vivant en majorité à Istanbul, ils connaissent depuis les années 1950-1960 une mobilité sociale ascendante comme d'autres groupes de la population turque.

Entre tradition et modernité, la principale institution de la judaïcité turque est le Grand Rabbinat qui s'entoure d'un conseil laïc. Communauté juive heureuse en Terre d'Islam, elle commence à se sentir menacée par l'intégrisme musulman actif en Turquie[4].

La communauté juive de Perse est l'une des plus

anciennes de la diaspora. Le roi Cyrus, qui en 528 av. J.-C. avait autorisé le retour des juifs à Jérusalem et la reconstruction du Temple, reste vénéré par les juifs. Depuis l'islamisation de la Perse, il y a eu des moments difficiles et des conversions forcées, car l'islam chiite est plus intolérant que l'islam sunnite.

À l'époque contemporaine, sous la dynastie des Pahlavi (1925-1979), les 80 000 juifs d'Iran vivaient dans de bonnes conditions. L'Iran entretenait des relations officieuses mais importantes avec Israël. La création de la République islamique en 1979 par l'Ayatollah Khomeyni a bouleversé la vie des juifs d'Iran. Redevenus *dhimmis*, ils peuvent pratiquer leur religion, mais sont considérés comme inférieurs aux musulmans chiites. Dans leur majorité, les juifs ont émigré[5]. En 1990, ils n'étaient plus que 19 000 dans l'attente d'un départ.

Depuis l'éclatement de l'URSS, les juifs vivent dans les cinq républiques indépendantes peuplées en majorité de musulmans peuvent émigrer et déjà ces nouveaux États ont noué des relations avec Israël. Mais quel sera l'avenir de cette Asie centrale convoitée à la fois par la Turquie et l'Iran ?

D'ouest en est, les autres judaïcités des pays d'Islam sont quasiment éteintes. En Algérie, ne survivent que 200 juifs, en Tunisie une petite communauté (2 400) se maintient à Tunis et dans l'île de Djerba. Les juifs de Libye ont émigré vers Israël ou l'Italie : en 1970, Kadhafi a confisqué leurs propriétés. Il ne reste plus qu'environ 200 juifs âgés en Égypte, vestiges d'une communauté très engagée dans la vie de ce pays au XIXe siècle et dans la première moitié du XXe siècle. Les émigrés ne sont pas revenus, malgré l'accord de paix signé en 1978 entre l'Égypte et Israël. Depuis, cependant, l'Égypte, malgré quelques dangers, est devenue un haut lieu du tourisme israélien... comme des juifs de la diaspora [6].

La guerre du Golfe a eu quelques conséquences sur les judaïcités résiduelles du Proche et du Moyen-Orient. On se rappelait soudain les 200 juifs d'Irak, seuls restes de l'antique communauté babylonienne, qui semblent s'accommoder du régime de Saddam Hussein [7]. En 1990, environ 4 000 juifs vivaient encore en Syrie sans avoir le droit d'émigrer. Dans les années 1980, un comité international a multiplié les manifestations afin d'obtenir pour les juifs de Syrie le droit à l'émigration. À la suite des premiers contacts entre Israéliens et Syriens, depuis la Conférence de Madrid (*cf.* chap. 5) et surtout des fortes pressions exercées par les États-Unis, la Syrie a entrouvert ses portes. Depuis le printemps 1992, des juifs syriens ont obtenu des passeports leur permettant de se rendre aux États-Unis et au Canada. En mars 1993, seulement 1 450 juifs vivaient encore en Syrie, dans l'attente d'un départ [8]. Au Liban, il y a encore une centaine de juifs : dix ont été pris en otage dans les années 1980, mais le monde semble les avoir oubliés [9].

Par contre, on parle à nouveau des 1 500 à 2 000 juifs restés au Yémen qui attendent l'autorisation de rejoindre les leurs en Israël [10].

En cette fin du XXe siècle, la coexistence judéo-musulmane est profondément troublée par le conflit israélo-arabe. La paix entre Israël et ses voisins changera cette situation : l'exemple du Maroc et de la Turquie nourrit cet espoir. Mais il faudra du temps avant que la haine cède le pas aux nouveaux dialogues, aux nouvelles formes de coexistence judéo-arabe.

Afrique noire

La plus grande communauté d'Afrique noire était celle d'Éthiopie. En deux vagues successives (1984 et 1991), elle a été transférée dans sa quasi-totalité en Israël (*cf.* chap. 5). L'origine des *Falashas,* qui s'appellent eux-mêmes les *Beta Israel,* est entourée de nombreuses légendes : seraient-ils les descendants des amours du roi Salomon et de la reine de Saba ou les survivants de la tribu perdue de Dan ou des juifs yéménites et égyptiens installés dans l'Antiquité en Abyssinie ? Ou sont-ils plus simplement des Africains convertis au judaïsme ? Des rabbins connaissaient depuis les XVe et XVIe siècles l'existence de cette peuplade juive installée en Afrique orientale. Mais les *Beta Israel* vécurent isolés de tout contact avec d'autres communautés juives. Ils ne furent « découverts » qu'en 1867 par un orientaliste français — Joseph Halévy — envoyé dans cette région par l'Alliance israélite universelle. Comme ils pratiquaient un judaïsme pré-rabbinique, leur reconnaissance en tant que juifs a posé quelques problèmes au rabbinat israélien [11], à leur arrivée dans leur nouveau pays.

Des légendes similaires attestent des présences juives en Afrique sub-saharienne, mais il faudrait approfondir les recherches sur les échanges culturels entre juifs et Africains dans cette partie du monde. On sait que dès l'Antiquité, des commerçants juifs maghrébins jouaient un rôle important dans les relations entre le Nord et le Centre de l'Afrique.

Aujourd'hui, 400 juifs vivent au Kenya et 400 également au Zaïre. Un millier est dispersé dans d'autres pays d'Afrique. Ce sont essentiellement des coopérants techniques, européens ou israéliens.

Extrême-Orient

Il y a cinquante ans, la judaïcité la plus nombreuse était celle de l'Inde (27 500). Elle se composait de trois groupes principaux. Deux d'entre eux, les juifs du Cochin et les *Bné Israël* qui seraient des descendants des tribus perdues, sont arrivés en Inde dans l'Antiquité. Certains ont épousé des femmes autochtones : leurs descendants sont de couleur foncée ou noire ; ils ont adopté des coutumes de l'environnement hindou. Un troisième groupe est d'immigration relativement récente : ce sont les *Baghdadis* arrivés à partir du XIXe siècle, originaires d'Irak, d'Iran et de Syrie. Ils constituaient la couche la plus aisée des juifs de l'Inde et ont joué un rôle économique important pendant la période coloniale [12]. En 1990, 4 800 juifs vivaient en Inde, surtout à Bombay. La majorité des juifs de l'Inde est partie pour Israël après 1948.

Des juifs vivaient aussi en Chine ; depuis les XIIe et XIIIe siècles, ils se sont assimilés. La principale communauté, installée à Kaefeng, fut découverte par des jésuites au XVIIe siècle. On la croyait aujourd'hui disparue [13], pourtant, Zhad Xiangru, professeur à l'Académie chinoise d'études sociales, descendant de juifs de Kaefeng, affirme que 2 000 à 5 000 juifs vivraient actuellement en Chine [14].

À la fin des années 1930, un projet germano-japonais prévoyait le transfert de juifs en Mandchourie [15]. Ce plan échoua mais finalement 30 000 juifs européens se sont réfugiés en 1941 à Shanghai alors occupée par les Japonais. Ils ont quitté cette ville qui, depuis 1949, fait partie de la République populaire de Chine.

Un millier de juifs résident au Japon, surtout à Tokyo. Ils ne sont pas japonais, mais américains ou européens, envoyés par leurs entreprises temporairement dans ce pays. Toutefois, autour d'une synagogue qui possède un rabbin américain, ils organisent leur vie communautaire [16]. La secte des *Makuyas,* fondée en 1949, s'intéresse beaucoup au judaïsme. Ses membres parlent l'hébreu, sont prosionistes [17] et font des fréquents séjours en Israël.

Environ 1 000 juifs vivent à Hong Kong, encore britannique jusqu'en 1997. La communauté a été fondée au XIXe siècle par des *Baghdadi* venus de l'Inde et par des Européens. Aujourd'hui, mais pour combien de temps, cette judaïcité très engagée dans les affaires de la cité internationale est aisée et active [18].

Les autres communautés d'Extrême-Orient sont moins nombreuses : 300 juifs vivent à Singapour autour de deux synagogues : l'origine et la composition de cette judaïcité ressemble à celle de Hong Kong. Des marranes auraient fondé une communauté aux XVIe et XVIIe siècles aux Philippines. Mais la centaine de juifs installés aujourd'hui dans ce pays viennent d'Europe ou d'Amérique.

Les 200 juifs de Thaïlande ont créé leur communauté en 1966 : ils viennent de Syrie, du Liban, d'Europe, d'Amérique et d'Israël. Les 150 juifs résidant à Taiwan sont américains ou israéliens. Au total, il n'y a pas plus de 7 000 juifs en Extrême-Orient.

En définitive, il n'existe pas aujourd'hui, sauf en Inde, de judaïcité autochtone en Asie du Sud-Est. Dans la mesure où, dans cette région du monde, il y a des communautés juives, elles sont de création récente ; elles sont composées d'hommes d'affaires et de techniciens souvent de passage. Leur existence dépend des relations de ces pays soit avec l'État d'Israël (*cf.* chap. 5), soit avec les pays occidentaux dont les États-Unis.

Afrique du Sud, Australie, Nouvelle-Zélande

Aux antipodes, vivent deux judaïcités nombreuses, celles d'Afrique du Sud (114 000) et d'Australie (88 000).

Quelques juifs étaient mêlés aux Hollandais qui, au XVIIe siècle, ont commencé la colonisation des territoires d'Afrique australe bien que cette société inspirée par les normes du calvinisme ait interdit la liberté religieuse. Quand, au XIXe siècle, le pays passa sous administration britannique, on vit arriver des juifs anglais et allemands (environ 4 000). Puis, à partir de 1880, des juifs de Lituanie, de Lettonie et d'autres pays d'Europe orientale. En 1936, la judaïcité sud-africaine groupée surtout à Johannesburg et au Cap comptait plus de 90 000 membres. Malgré les limitations imposées par les autorités sud-africaines à partir de 1930, le pays accueillit des juifs allemands. Cinquante ans plus tard, 79 % des juifs étaient nés en Afrique du Sud et 93 %, des citoyens sud-africains.

Les recensements officiels de la population classent les Sud-Africains selon leurs appartenances ethniques et religieuses : en 1986, 17 % étaient des Blancs. Les juifs, qui constituent une minorité de la population blanche (2,3 %), sont à 93 % anglophones. En effet, leur principal groupe de référence est la fraction d'origine britannique de la population blanche plus urbanisée et culturellement plus ouverte que les Afrikaners qui parlent un dialecte néerlandais. La distinction même entre Britanniques et Afrikaners au sein de la population blanche facilite aux juifs l'affirmation de leur identité.

Dans un pays où les Noirs constituent le prolétariat, voire le sous-prolétariat, les immigrés blancs, juifs et non juifs ont acquis, dès la première génération, des positions socio-économiques meilleures que dans leur pays d'origine. Dans les années 1980, leurs descendants constituent les couches dominantes et possédantes de la société sud-africaine. Les juifs participent à cette situation favorisée : leur niveau d'instruction est même plus élevé que celui de l'ensemble de la population blanche. De ce fait, ils jouent un rôle important dans la vie économique et politique du pays [19]. Leur principale institution est le *South African Jewish Board of Deputies* (SAJBOD), organisme centralisateur, créé en 1912 sur le modèle du *Board of Deputies of British Jews.* En majorité affiliés à des synagogues ou d'autres associations juives, les juifs sud-africains formeraient-ils la communauté la plus heureuse et la plus prospère de la diaspora ? Ce n'est pas tout à fait le cas.

Au pays de la ségrégation raciale, beaucoup de juifs se sont impliqués dans la lutte pour les droits civiques. Certains se sont individuellement opposés à l'*apartheid* instauré en 1948. Victimes de la *Shoah*, ils ne pouvaient admettre un système de gouvernement fondé sur le racisme. Parmi les opposants juifs à l'*apartheid*, le député Helen Suzman, Denis Goldberg, compagnon de captivité de Nelson Mandela, le chanteur Johnny Clegg ou encore Nadine Gordimer, prix Nobel de littérature en 1991.

En fait, les milieux juifs sud-africains étaient divisés sur la question de l'*apartheid.* Le SAJBOD resta prudent pendant des décennies : tout en condamnant le racisme, il prônait la neutralité politique. La situation des institutions juives était compliquée par les liens de l'État d'Israël avec l'Afrique du Sud (*cf.* chap. 5). Sionistes fervents, les juifs sud-africains étaient déchirés entre leurs sympathies pour Israël et leur éventuelle opposition à la politique de l'*apartheid* [20].

Depuis 1989, Frederik De Klerk, nouveau président de l'Afrique du Sud, démantèle le système de l'*apartheid :*

l'ANC (African National Congress, créé en 1912) a été légalisé, son chef Nelson Mandela a été libéré. En mars 1992, les Sud-Africains se sont prononcés par référendum en faveur des réformes engagées : le SAJBOD ainsi que le rabbinat ont lancé des appels pour le « oui »[21].

Cependant, la situation des juifs d'Afrique du Sud demeure instable. Elle est marquée par des flux migratoires contradictoires : depuis les années 1970, des juifs ont émigré, d'autres, venant de l'ex-Rhodésie mais aussi d'Israël, ont immigré[22].

Occupant aujourd'hui le septième rang parmi les diasporas, la judaïcité sud-africaine sait que son avenir est lié à celui de la population blanche de ce pays. Malgré l'engagement de nombreux juifs dans la lutte contre l'*apartheid*, les juifs sont perçus par les milieux noirs comme appartenant à la minorité blanche hostile à leurs intérêts ; en outre, l'ANC a dans le passé manifesté quelque sympathie pour l'OLP.

À la fin des années 1960, 6 000 juifs vivaient en Rhodésie[23]. En Zambie (ancienne Rhodésie du Nord), devenue indépendante en 1963, la petite communauté juive fondée en 1905 est éteinte. Au Zimbabwe, indépendant depuis 1980, ne subsistent que 1 000 juifs, trop âgés pour émigrer[24]. Le sort des judaïcités liées à la population blanche de ces deux pays préfigure-t-il celui de la diaspora sud-africaine ?

En 1990, 88 000 juifs vivaient en Australie, 4 500 en Nouvelle-Zélande. L'origine de la communauté australienne remonte à la création par les Britanniques à la fin du XVIIIe siècle d'un pénitencier en Australie. Parmi les condamnés, quelques juifs. Au début du XIXe siècle, des juifs anglais organisèrent les premières communautés. Ils furent rejoints, à partir de 1880, par des immigrés originaires d'Europe orientale et centrale. L'Australie continue d'être un pays d'immigration juive mais, depuis les années 1950, ces juifs viennent aussi des anciennes colonies britanniques d'Asie et, plus récemment, d'Afrique du Sud et d'URSS.

Des juifs ont joué un rôle important dans le développement économique comme dans la vie politique de l'Australie. Les centres de la vie juive se trouvent à Melbourne et Sydney. Leur principale organisation est le Conseil exécutif de la judaïcité australienne *(Executive Council of Australian Jewry).* Les juifs d'Australie sont aujourd'hui anglophones, même si les plus âgés conservent leur attachement au *yiddish.* Ils appartiennent en majorité aux couches aisées, mais il persiste des îlots de pauvreté parmi les immigrés plus ou moins récents [25].

La communauté juive de Nouvelle-Zélande a été fondée au début du XIXe siècle par des immigrants originaires d'Europe orientale et centrale. Cette judaïcité aujourd'hui anglophone n'a pas la même vitalité que celle d'Australie : l'émigration l'emporte sur l'immigration [26].

De ce trop rapide périple à travers les diasporas du monde, il faudrait retenir d'abord la vitalité de toutes celles qui vivent dans les pays où elles peuvent affirmer leur spécificité. La liberté est la condition *sine qua non* de l'existence même d'une communauté juive. La dispersion des juifs d'Europe dès le XIXe siècle, de ceux d'Afrique et d'Asie au XXe siècle a été à l'origine de la plupart des judaïcités contemporaines des Amériques, de l'Afrique, d'Asie et d'Océanie. Ils se sont adaptés à des environnements socio-culturels et socio-économiques qui leur étaient tout à fait étrangers. Le plus souvent, ils se sont investis dans le développement de leurs nouveaux pays d'accueil et sont devenus des citoyens. Ce processus qui s'étale sur plus d'un siècle a pour conséquence de nombreuses réussites individuelles et parfois collectives. Ces mutations se traduisent dans la spécificité même de l'identité juive qui a abandonné dans ces migrations de nombreuses traditions séculaires tout en recherchant de nouvelles expressions (*cf.* chap. 6).

V.

L'ÉTAT D'ISRAËL

« Si vous le voulez, ce ne sera pas un rêve », écrivait en 1902 Théodore Herzl, fondateur du sionisme politique[1]. Et à l'issue du premier congrès sioniste réuni à Bâle fin août 1897, il nota dans son journal :

> À Bâle, j'ai fondé l'État juif. Si je disais cela aujourd'hui à haute voix, je déclencherais un rire universel. D'ici cinq ans peut-être, cinquante ans sûrement, chacun le comprendra. L'État est essentiellement fondé sur la volonté du peuple[2]...

Le rêve est devenu réalité, même si, un siècle après la création du mouvement sioniste, la société israélienne ne ressemble que partiellement aux utopies forgées par ses fondateurs. Né dans le contexte des luttes nationales et sociales de l'Europe de la fin du XIXe siècle, le sionisme met l'accent sur la reconnaissance nationale et sociale du peuple juif. L'État d'Israël, proclamé en 1948, a été fondé par la volonté du peuple juif, soutenu par les nations membres de l'ONU. Du rêve, il a réalisé un début de rassemblement des juifs en *Eretz Israel*, la fondation d'une société démocratique, le jaillissement d'une nouvelle créativité. L'utopie n'avait pas prévu l'hostilité des voisins d'Israël et les guerres, ni mesuré l'ampleur du rôle que ce petit État jouerait parmi les nations, par sa créativité scientifique et technologique.

Le rassemblement des exilés

L'État d'Israël n'est pas né *ex nihilo*. Malgré la destruction du Temple de Jérusalem, malgré la dispersion du peuple juif à travers le monde, *Eretz Israel* a toujours été habitée par des juifs, en petit nombre, certes, mais formant des communautés spirituelles ferventes ; et le peuple dispersé, dans sa prière, n'a jamais oublié Jérusalem.

À partir de 1880, arrivent en Palestine, alors province de l'Empire ottoman, les pionniers qui jettent les fondements de la renaissance nationale, sociale et culturelle juives. Après la Première Guerre mondiale, la Palestine est placée sous le mandat de la Grande-Bretagne chargée de faciliter la construction d'un Foyer national pour le peuple juif, envisagé par la déclaration Balfour en 1917. Déjà, des Arabes s'opposent à ce projet : dans les années 1930, alors que les juifs cherchaient un lieu de refuge pour échapper à la persécution nazie, la Grande-Bretagne limite sévèrement leur immigration. Sous le choc de la *Shoah*, l'ONU, fondée au lendemain de la Seconde Guerre mondiale, vote, le 29 novembre 1947, le partage de la Palestine en deux États : l'un arabe, l'autre juif. Les Arabes refusent cette solution ; le Mouvement sioniste, au nom du peuple juif, l'accepte. Le 14 mai 1948, David Ben Gourion, entouré d'un conseil national reflétant toutes les tendances de ce mouvement, a proclamé la création de l'État d'Israël.

L'indépendance d'Israël a été précédée par une soixantaine d'années de mise en valeur du pays et d'organisation de ses principales institutions. À 90 %, les pionniers étaient originaires d'Europe orientale d'abord, centrale à partir de 1930. Ils étaient souvent en révolte contre la civilisation du *shtetl* et animés du désir de créer une nouvelle société juste et égalitaire.

La proclamation d'Indépendance définit comme sa première mission l'ouverture de l'État d'Israël « à l'immigration des juifs de tous les pays où ils sont dispersés ». Elle lance « un appel au peuple juif de par le monde à se rallier [...] au projet de la rédemption d'Israël[3] ». La loi du Retour, votée en juillet 1950 par la *Knesseth,* confère à tout juif le droit de s'établir en Israël. Lentement, le peuple juif répond à cet appel. De 1948 à 1990, la proportion de la population juive mondiale vivant en Israël passe de 6 % à 30 %[4].

Le 14 mai 1948, on recensait 650 000 juifs en Israël ; ils étaient 3 947 000 fin 1990. Depuis, leur nombre a encore augmenté. L'immigration juive arrive par vagues plus ou moins nombreuses. De 1948 à 1951, ont afflué 687 600 juifs doublant la population du pays : aux rescapés des camps de concentration et des personnes désireuses de quitter les démocraties populaires d'Europe de l'Est, se sont joints des juifs venant de pays arabes. De décembre 1948 à septembre 1950, par l'opération « Tapis magique », la plus grande partie de la communauté juive du Yémen a été transférée en Israël. De mai 1950 à juin 1951, après de longues négociations, l'opération « Ali Baba » a amené en Israël la grande majorité des juifs d'Irak[5]. L'immigration connaît de nouvelles pointes entre 1952 et 1964 avec l'afflux de juifs du Maroc et de Tunisie ainsi que de Pologne et de Roumanie[6]. La dernière grande vague est celle des juifs d'Éthiopie et de l'ex-URSS. De fin 1989 à mars 1993, 468 000 juifs, en majorité originaires de ces deux pays, sont arrivés en Israël.

Les premiers contacts entre les *Beta Israel* d'Éthiopie, improprement appelés *Falashas*, et l'État d'Israël s'établissent dans les années 1950. En 1973, le Grand Rabbin séfarade Ovadia Yosef décide de les reconnaître comme juifs ; en 1975, le gouvernement israélien leur accorde le droit à la loi du Retour. Menacés par les conséquences de la guerre civile et de la famine qui ravagent l'Éthiopie, des *Beta Israel* s'enfuient au Soudan. Pour Israël, leur sauvetage devient une priorité. Entre novembre 1984 et janvier 1985, par avion, environ 8 000 *Beta Israel* sont amenés en Israël. Cette opération appelée « Moïse » est suivie six ans plus tard, avec l'accord du gouvernement éthiopien, par l'opération « Salomon » : en une journée, le 24 mai 1991, 14 300 juifs d'Éthiopie ont été transportés en Israël.

Au début des années 1970, l'URSS a entrouvert ses portes ; 138 000 juifs soviétiques sont arrivés pendant cette décennie en Israël. L'immigration actuelle des juifs soviétiques est le résultat conjoint d'une lutte menée par les pays occidentaux et Israël pour le droit à l'émigration et de la *perestroïka* décrétée par Mikhaïl Gorbatchev. Parmi les pionniers de l'époque préétatique, les juifs russes étaient nombreux. Leurs descendants accueillent avec joie ces nouveaux immigrants en Israël : leur arrivée bouleverse certaines données démographiques de ce pays comme de la diaspora.

L'afflux actuel est beaucoup plus important qu'au début des années 1970. Dans les années 1980, les démographes israéliens prévoyaient pour l'an 2015 la parité entre les populations juive et arabe, si Israël ne se retirait pas des territoires conquis en 1967. Chaque tranche de 100 000 nouveaux immigrants repousse d'une année cette mutation démographique. Si l'immigration se poursuit à ce rythme, la parité entre Juifs et Arabes ne sera atteinte qu'en 2025[7].

Dans l'immédiat, l'afflux des juifs de la CEI modifie déjà les proportions entre originaires d'Afrique et d'Asie et ceux d'Europe et d'Amérique[8] : en 1990, 60 % des immigrés étaient des juifs dits « occidentaux » et 40 % des juifs dits « orientaux ». Les 266 600 immigrants venus du Maroc de 1948 à 1990 constituaient le groupe ethnique le plus nombreux après celui des Roumains (271 078). Dès 1985, ils étaient talonnés par les 252 315 juifs Soviétiques. De 1952 à 1957 et de 1961 à 1964, les immigrants nés en Afrique et en Asie étaient largement majoritaires. Depuis, leur nombre relatif a diminué. En 1990, les 455 000 juifs d'URSS formaient le groupe ethnique de loin le plus important[9] et cette immigration se poursuit. Au fur et à mesure de leur intégration, les ex-Soviétiques souvent très qualifiés prendront une place de plus en plus importante dans l'évolution de la société israélienne.

En 1989, 64 % des juifs israéliens étaient des *Sabarim* (nés dans le pays). Cette proposition est passée à 62 % en 1990, un an après le premier afflux des juifs d'URSS. Toutefois, à la seconde génération, 61 % des juifs nés en Israël ont des parents « orientaux »[10]. Les tensions entre Orientaux et Occidentaux régressent à cette seconde génération, mais peuvent resurgir, à propos des conflits économiques, politiques ou religieux.

L'État d'Israël a non seulement pour mission l'accueil des immigrants, mais encore et surtout la formation d'une nation avec des personnes venant de toutes les parties du monde. Dans les années 1950, les immigrants vivaient sous la tente ; un peu plus tard, dans des constructions inadaptées qui devaient être provisoires (les *maâbarot*). À partir des années 1960-1970, les conditions matérielles d'accueil se sont améliorées, mais l'actuelle vague d'immigration a provoqué une nouvelle crise du logement. Des solutions temporaires comme les caravanes resurgissent au début des années 1990, mais le « temporaire » peut durer longtemps en Israël comme ailleurs.

Si les pionniers de l'époque pré-étatique n'étaient pas tous des idéalistes, ils étaient animés par la volonté de construire un État selon le modèle des sociétés européennes. L'immigration de masse qui débuta avec la création de l'État d'Israël n'était pas aussi motivée. En outre, pour les *Sabarim*, l'idéologie sioniste appartient au passé même s'ils sont les acteurs principaux de la survie physique de l'État d'Israël. Dans les années 1950, les pionniers rêvaient à la transformation rapide des immigrants en Israéliens conformes à leur modèle. Il leur a fallu du temps avant de comprendre que chaque groupe d'immigrants possédait une double racine : celle de sa judéité pouvant revêtir des expressions variées (*cf.* chap. 6) et celle de sa culture d'origine tout aussi diverse. Au Maroc, en Pologne, aux États-Unis ou en URSS, le juif, aux yeux des autres, demeurait le juif. En Israël, il devient le Marocain, le Polonais, l'Américain ou le Russe.

La société et les institutions israéliennes exercent de fortes pressions sur l'immigrant pour qu'il oublie son passé diasporique. Elles doivent cependant reconnaître que le *mizoug galouiot*, la fusion des exils, est plus compliquée que le transfert de groupes d'immigrants par bateaux ou avions. Un certain pluriculturalisme est aujourd'hui admis en Israël. Il se cristallise autour des pôles conflictuels majeurs de la société israélienne : l'identité juive peut s'affirmer sur le plan religieux ou a-religieux. Les tensions entre Orientaux et Occidentaux se traduisent dans chaque groupe par une mise en valeur des cultures achkénaze et séfarade dans leur diversité. On a reconnu que les efforts de déracinement de la mémoire du passé spécifique à chaque groupe ethnique se soldent par des déséquilibres pouvant alimenter la délinquance.

Le processus d'intégration à la société israélienne passe par des étapes successives. Dans un premier temps, l'immigrant se sent d'autant plus étranger dans son nouveau pays qu'il en avait une perception quasi mythique avant son arrivée. Coupé plus ou moins définitivement du pays où il est né, il doit résoudre ses problèmes matériels ; même aidé par les instances chargées de son accueil, il doit se loger et trouver du travail. On lui demande d'apprendre une nouvelle langue, l'hébreu. À la première génération, selon le contexte économique, ces efforts d'adaptation sont plus ou moins prolongés. Des immigrants trop âgés ou pas assez qualifiés pour une société moderne ne franchissent jamais cette étape. Les jeunes et surtout les *Sabarim* sont mieux lotis : l'hébreu est leur langue, Israël est leur pays. Ils risquent de s'affronter à la génération de leurs parents. S'ils rencontrent des difficultés matérielles, ils revendiquent, parfois avec violence, ce qu'ils croient être leur dû. En fait, l'israélisation est un processus long de deux, voire trois générations. Israël n'est pas une société achevée : dans l'histoire quatre fois millénaire du peuple juif, un siècle de sionisme, quarante-cinq ans de l'État juif constituent une période trop brève pour la formation d'un homme nouveau, d'une culture nouvelle.

La démocratie israélienne

À défaut de trouver selon la promesse biblique un pays « où coule le lait et le miel », l'immigrant trouvera certainement en Israël un régime démocratique qui lui assure la liberté d'expression.

En vertu de la loi du Retour, tout immigrant juif devient citoyen israélien sauf s'il refuse ce statut. Sont aussi citoyens israéliens les enfants nés de parents israéliens. Les Arabes établis en Israël avant 1952 et leurs descendants sont des citoyens israéliens [11]. Tout Israélien, même l'immigrant le plus récent, possède le droit de vote dès l'âge de 18 ans. Il est éligible à partir de 21 ans.

La *Knesseth*, le Parlement israélien, se compose de 120 députés élus tous les quatre ans à la proportionnelle intégrale. L'électeur israélien a le choix entre 20 à 30 listes nationales : les candidats sont désignés ou parfois élus par leurs partis respectifs. Ces partis peuvent obtenir des sièges s'ils dépassent depuis 1991 la barre de 1,5 % des suffrages exprimés et valides. L'échiquier politique israélien est de ce fait très mobile et très fractionné. La droite, dominée aujourd'hui par le *Likoud*, s'y oppose à la gauche formée par les travaillistes et leurs alliés. L'histoire de ces deux grandes formations est marquée par de multiples scissions et fusions. De 1948 à 1977, les travaillistes étaient au pouvoir. De 1977 à 1992, la droite a pris la relève. En juin 1992, les travaillistes ont gagné les élections. L'alternance, qui est l'une des expressions du fonctionnement démocratique d'un État, est entrée dans les mœurs politiques israéliennes.

Les grands partis qu'ils soient de gauche ou de droite n'ont jamais une majorité confortable à la *Knesseth*. Aussi la plupart des gouvernements israéliens ont-ils été des gouvernements de coalition entre le parti ayant obtenu une majorité relative et les élus des petits partis parmi lesquels se trouvent les partis religieux. Très courtisés, par la droite comme par la gauche, ces partis minoritaires peuvent peser d'un poids considérable sur le fonctionnement de la démocratie israélienne. Une réforme votée en 1992 prévoit, à partir de 1996, l'élection directe du Premier ministre au suffrage universel : elle devrait limiter les pressions exercées par les petits partis.

Le président de la République israélienne est élu par la *Knesseth* pour un mandat de cinq ans, renouvelable une fois. Ses fonctions sont surtout réprésentatives. Toutefois, jusqu'à présent, il nomme le Premier ministre chargé de la formation du gouvernement, signe toutes les lois, désigne les juges civils et religieux. De Haïm Weizmann à son neveu Ezer Weizmann qui a accédé à cette fonction en 1993 [12], tous les présidents d'Israël jouent un rôle moral important dans l'État.

Israël n'a pas de Constitution écrite : lors de la création de l'État, les partis religieux se sont vivement opposés à l'élaboration d'une Constitution civile qui pourrait contredire certaines dispositions de la loi religieuse. Des conflits peuvent surgir entre la législation civile élaborée par la *Knesseth* et la *halakha*, la législation religieuse juive. L'État d'Israël a hérité du régime ottoman, confirmé par le mandat britannique, le principe de l'autonomie interne des communautés confessionnelles qui comprend le droit personnel. Ainsi, la *Knesseth* a voté des lois confiant au rabbinat non seulement le contrôle des observances religieuses juives mais encore la juridiction sur les mariages et les divorces. Musulmans, druzes et chrétiens sont dotés d'une législation analogue. Mais cette législation n'évite pas les conflits de pouvoirs entre religieux — dont certains luttent pour l'instauration d'une théocratie — et a-religieux militant pour la démocratie selon le modèle des démocraties parlementaires occidentales.

Israël est un État de Droit. La Déclaration d'Indépendance qui inspire la pratique des législateurs et des juges israéliens affirme que l'État est fondé sur les principes de liberté, de justice et de paix enseignés par les prophètes d'Israël ; il assurera une complète égalité de droits sociaux et politiques à tous ses citoyens, sans distinction de croyance, de race ou de sexe ; il garantira la pleine liberté de conscience, de culte, d'éducation et de culture.

Depuis quarante-cinq ans, l'État d'Israël s'efforce d'appliquer ces principes, mais l'exercice de la démocratie est un combat en Israël comme ailleurs. Des inégalités persistent entre citoyens juifs et arabes : elles sont, en grande partie, une conséquence du conflit israélo-arabe. Des inégalités persistent aussi au sein de la population juive : l'État d'Israël est égalitaire en droit mais, dans les faits, la société israélienne se compose de riches et de pauvres. Le rêve socialiste des fondateurs n'a pas été réalisé en Israël comme ailleurs. Pragmatiques, les dirigeants de ce pays se sont adaptés aux réalités changeantes ; ils ont évité à temps à la jeune démocratie israélienne les drames des démocraties populaires.

L'existence même de la démocratie israélienne dans une région géopolitique qui ne connaît guère ce régime est un fait étonnant. De plus, dans leur majorité, les immigrants, qu'ils soient originaires d'Europe orientale, d'Afrique ou d'Asie, n'avaient pas de traditions démocratiques. La démocratie israélienne s'inspire surtout des modèles anglo-saxon, britannique et américain et les immigrants, rapidement, s'adaptent à ce modèle qui représente pour les jeunes la normalité de l'État d'Israël.

Créativité

La créativité qui caractérise la vitalité des grandes judaïcités n'est pas non plus absente en Israël.

Le fameux *e'in bre-ra* (on n'a pas le choix) s'est imposé dès l'époque pionnière dans le domaine des sciences et des techniques. La réalité a dépassé les projets des fondateurs. Grâce au combat contre des conditions de vie difficiles et une nature souvent hostile, l'État d'Israël figure aujourd'hui en bon rang parmi les pays les plus développés.

Dès la période pré-étatique, les pionniers ont jeté les bases d'une agriculture qui a progressivement atteint une technicité très avancée. À partir des années 1960 et 1970, l'industrie a pris son essor. Par la suite, l'accent fut mis sur les technologies de pointe.

Israël reste pauvre en matières premières mais il est riche en matière grise. Immigrants allemands, américains et, plus récemment, soviétiques ont joué et jouent encore un rôle important dans le développement des sciences et des techniques. Les universités israéliennes, très orientées vers la recherche appliquée, forment des scientifiques et des techniciens hautement qualifiés. En 1948-1949, 1 635 étudiants étaient inscrits à l'Université hébraïque et au Technion de Haïfa, fondés en 1924-1925. En 1990-1991, 71 190 étudiants préparaient des diplômes dans les universités de Jérusalem, Haïfa, Tel-Aviv et Beersheva [13]. En 1990, scientifiques, membres des professions libérales et techniciens qualifiés représentaient 27 % de la population juive active. Toutefois, à ce niveau, les inégalités selon l'origine demeurent importantes même parmi les *Sabarim :* 41 % des Israéliens dont le père est originaire d'Europe ou d'Amérique contre seulement 17 % dont le père est né en Afrique ou en Asie appartiennent à cette catégorie socio-professionnelle[14]. L'actuelle vague d'immigration venant de l'ex-URSS compte un nombre important de scientifiques, de médecins, de techniciens dont l'intégration dans l'économie israélienne pose quelques problèmes : dans toutes les vagues d'immigration, une fraction des nouveau-venus a changé de métier. L'emploi de ces scientifiques et techniciens ex-soviétiques, selon leur qualification professionnelle, permettrait à Israël de jouer un rôle encore plus important que par le passé dans les sciences et techniques.

C'est sans doute dans le domaine culturel, spécifiquement juif, que se situe l'essentiel de sa créativité. Ahad Ha'am (1856-1927) pensait qu'une partie seulement du peuple juif s'établirait en *Eretz Israel,* mais que l'État juif aurait pour mission de devenir le centre spirituel et culturel des diasporas. Aujourd'hui, l'État d'Israël revendique cette vocation.

La première étape de l'affirmation culturelle du peuple juif sur sa terre est la renaissance de l'hébreu comme langue vivante. L'utopie d'Éliezer Ben Yehuda (1858-1922) a commencé à devenir réalité, il y a un siècle, dans les villages des pionniers et dans leurs écoles[15]. Le *yiddish,* qui était alors une sorte de *lingua franca* entre les juifs européens dispersés de par le monde, a peu à peu, et surtout après la *Shoah,* perdu ce rôle. Aujourd'hui, l'hébreu est la langue parlée par les Israéliens comme celle de nombreux juifs de la diaspora. L'hébreu est enseigné comme langue vivante non seulement dans les écoles juives mais encore dans les universités d'Europe et d'Amérique. Écrivains, philosophes et scientifiques s'expriment en hébreu. La littérature hébraïque contemporaine a pris son essor : elle est traduite à travers le monde.

Dans les universités israéliennes, le patrimoine juif est étudié dans toutes ses dimensions, depuis la Bible et le Talmud jusqu'au judaïsme et aux judaïcités contemporaines. Les sciences de l'homme et de la société sont appliquées à la recherche dans le domaine juif[16]. Les universités israéliennes et, parmi elles, plus particulièrement l'Université hébraïque de Jérusalem et l'Université Bar Ilan ont joué et jouent encore un rôle important pour le développement des études juives en diaspora.

Eretz Israel n'a jamais cessé d'être un centre des études religieuses juives. Dans les *yechivoth,* des milliers de jeunes et de moins jeunes consacrent de longues années et parfois toute leur vie à l'étude des textes sacrés. Israël est aujourd'hui, sans conteste, le centre mondial du renouveau culturel et spirituel du peuple juif.

Le conflit israélo-arabe : entre guerres et paix

Les fondateurs de l'État d'Israël ont sous-estimé l'hostilité des Arabes. Déjà sous le mandat britannique, les communautés juive et arabe se sont affrontées, mais aucun prophète de mauvais augure n'annonçait, à cette époque, six guerres meurtrières en l'espace de quarante-cinq ans.

Dans les heures suivant la proclamation de l'Indépendance, alors que le peuple juif manifeste sa joie, les armées d'Égypte, de Syrie, d'Irak et du Liban envahissent le jeune État. *Tsahal,* l'armée israélienne, à peine fondée et mal équipée, remporte sa première victoire. Cette guerre de Libération se prolongea jusqu'en janvier 1949. La vieille ville de Jérusalem fut partagée par des barbelés en deux parties, l'une arabe, l'autre juive. Des négociations de Rhodes, présidées par le négociateur de l'ONU, l'Américain Ralph Bunche, aboutissent à des accords d'armistice séparé avec l'Égypte, le Liban, la Transjordanie et la Syrie ; l'Irak refuse de participer aux pourparlers. Après avoir annexé la Cisjordanie, la Transjordanie devient, en avril 1949, le Royaume hachémite de Jordanie. En 1950, le roi Abdallah paraphe, à l'issue de longues négociations secrètes, un accord de paix avec Israël. On espérait alors qu'un règlement définitif interviendrait rapidement, mais le 20 juillet 1951, le roi Abdallah est assassiné : il est remplacé en 1952 par son petit-fils Hussein. Pendant la guerre de Libération, environ 600 000 Arabes ont quitté le pays : avec eux, est né le problème des réfugiés palestiniens.

De 1949 à 1955, après la signature des accords d'armistice, Israël et ses voisins arabes vivaient en état de non-belligérance, troublé cependant à de multiples reprises par l'infiltration des *feddayin* causant des dégâts matériels et assassinant des civils israéliens. Pendant la même période, le Proche-Orient devient un pion dans la guerre froide que se livrent les États-Unis et l'Union soviétique.

En mars 1954, Gamal Abdel Nasser prend le pouvoir en Égypte. Soutenu par l'URSS, il s'engage dans le combat contre l'Occident et Israël. En septembre 1955, l'Égypte bloque la circulation de la marine israélienne à la sortie de la Mer Rouge, au détroit de Tiran, à Sharm el Sheikh. Israël se sent assiégé. En juillet 1956, Nasser annonce la nationalisation du Canal de Suez. La France, la Grande-Bretagne et Israël répliquent en lançant une opération militaire : *Tsahal,* pour la première fois, traverse le Sinaï et atteint le canal de Suez. Russes et Américains imposent le cessez-le-feu et, finalement, Israël doit se retirer des territoires conquis.

De 1956 à 1967, Israël connaît de nouveau un état de non-belligérance maintes fois troublé par les incursions des *feddayin* organisés d'abord dans le mouvement *Al-Fatah* puis dans l'Organisation de libération de la Palestine (OLP). En même temps, l'URSS fournit des armes à la Syrie, à l'Égypte, puis à l'Irak. Le 7 avril 1967, Israël abat six MIG 21 syriens qui ont pénétré dans son espace aérien. L'URSS accuse Israël de préparer la guerre. Le 14 mai 1967, l'Égypte obtient le retrait des casques bleus de l'ONU stationnés à ses frontières et ses troupes pénètrent dans le Sinaï. Le 22 mai 1967, Nasser bloque le détroit de Tiran à Sharm el Sheikh. L'ensemble de ces événements constitue pour Israël un *casus belli.* Dans les capitales arabes, les foules s'excitent : la victoire sur Israël leur semble déjà acquise.

Face à cette montée de la violence, Israël mobilise : à l'aube du 5 juin 1967, il prévient l'attaque en détruisant au sol la plus grande partie de l'aviation égyptienne. Les Israéliens avaient prévu une expédition limitée destinée à forcer le blocus du golfe d'Akaba, quand la Jordanie attaque à son tour. *Tsahal* passe à la défense, conquiert Jérusalem-Est et la Cisjordanie. Au Nord, en se battant contre les Syriens, Israël atteint le plateau du Golan d'où, pendant deux décennies, les Syriens avaient menacé les *kibboutzim* de la vallée du Jourdain. Le 12 juin 1967, les belligérants acceptent le cessez-le-feu imposé par le Conseil de sécurité de l'ONU.

En six jours, Israël avait remporté la victoire militaire et bouleversé la situation politique au Proche-Orient. Le 22 novembre 1967, l'ONU vote la résolution 242 demandant à Israël de se retirer des « territoires occupés » et aux Arabes de reconnaître l'État d'Israël dans des frontières sûres et reconnues. Israël, l'Égypte et la Jordanie acceptent cette résolution, la Syrie et l'OLP la rejettent. Un conflit s'engage immédiatement sur ce texte. Les Israéliens le considèrent comme le point de départ pour des négociations directes devant aboutir à la signature d'un traité de paix avec leurs voisins. Les Arabes revendiquent la restitution des territoires conquis pendant la guerre des Six-Jours comme un préalable à toute négociation.

Dès la fin de la guerre des Six-Jours, naît le problème du Grand Israël : la Judée et la Samarie font partie de l'héritage biblique, le Sinaï et surtout le Golan constituent des zones de sécurité. En 1967, 966 700 Arabes habitaient la Cisjordanie et Gaza, ils étaient 1 597 000 en 1990 [17] : leur taux de natalité (4,4 % en Cisjordanie, 5,5 % à Gaza) est l'un des plus élevés du monde.

De 1968 à 1973, la trêve est rompue entre l'Égypte et Israël d'abord par une guerre d'usure le long du canal de Suez, puis par les infiltrations et le terrorisme déclenchés par les militants de l'OLP. À l'aube du 6 octobre 1973, jour de jeûne de *Kippour*, Égyptiens et Syriens envahissent Israël. D'abord surpris, Israël l'emporte à l'issue de violents affrontements. Soviétiques et Américains, directement engagés dans ce conflit par des ponts aériens fournissant du matériel militaire à leurs alliés respectifs, décident d'un commun accord l'arrêt des combats. La résolution 338 de l'ONU, votée le 22 octobre 1973, invite, une fois de plus, les belligérants à ouvrir des négociations de paix.

Quelques jours plus tard, des généraux israéliens et égyptiens entament des pourparlers. Une conférence de paix convoquée à Genève en décembre 1973 s'enlise. Pourtant, Égyptiens et Israéliens poursuivent des négociations secrètes sous l'œil vigilant de Henry Kissinger, secrétaire d'État du président Nixon. Elles finissent par aboutir : le 19 novembre 1977, Menahem Begin accueille à Jérusalem le président Anouar el-Sadate. Ce voyage constitue le premier tournant dans les relations israélo-arabes. Sous l'égide personnelle du président Jimmy

Carter, est signé le 26 mars 1979 le traité de paix entre Israël et l'Égypte. Deux ans plus tard, Anouar el-Sadate est assassiné : officiellement, cet attentat est attribué aux intégristes musulmans. Son successeur, Hosni Moubarak, respecte l'accord de paix et, en 1982, Israël rend le Sinaï à l'Égypte.

Par contre, la situation se détériore au Nord. Dans les années 1970, l'OLP a établi ses quartiers généraux à Beyrouth. À partir du Sud-Liban, elle lance des attaques contre les agglomérations de Galilée. Par ailleurs, les Syriens, qui cherchent à prendre le contrôle du Liban, installent en 1981 des missiles sol-air à l'est de Beyrouth. Le 6 juin 1982, le général Arik Sharon déclenche l'opération « Paix en Galilée » qui devait se limiter à des combats frontaliers avec l'OLP. *Tsahal* avance jusqu'à Beyrouth et s'embourbe jusqu'en 1985 dans un Liban en guerre civile.

En décembre 1987, éclate, à la suite d'un accident de la route, une révolte à Gaza et en Cisjordanie. Soutenus par l'OLP, les Palestiniens s'attaquent d'abord à coups de pierres aux militaires israéliens ; et l'armée réprime. Depuis cinq ans, l'*Intifada* entraîne l'affrontement israélo-arabe le plus violent. Seule une solution politique apaisera le conflit.

Pendant la crise du Golfe, les Américains ont demandé aux Israéliens de ne pas intervenir militairement. Portant des masques à gaz, les Israéliens se sont terrés dans leurs abris. Applaudi par des Palestiniens, l'Irak a lancé des Scuds contre Israël. Les Israéliens ont vécu l'expérience extrêmement pénible de leur vulnérabilité.

Pendant la crise et la guerre du Golfe, Américains et Soviétiques ont coordonné leurs interventions. Cette période confirme la fin de la guerre froide entre les deux super-puissances. De plus, la Syrie, l'Égypte, l'Arabie Saoudite, les émirats du Golfe comme la Turquie ont participé à la guerre contre l'Irak. À l'issue de cet affrontement, le président George Bush a promis un nouvel ordre mondial : dans ce contexte, il devenait urgent d'amorcer le règlement du conflit israélo-arabe. Le secrétaire d'État James Baker négocie avec toutes les parties intéressées la tenue d'une conférence de paix qui s'ouvre le 31 octobre 1991 à Madrid : Israéliens, Syriens, Jordaniens, Palestiniens se parlent. Les deux parrains de ces rencontres, George Bush et Mikhaïl Gorbatchev, ne sont plus au pouvoir. En Israël, Yitzhak Shamir, dirigeant du *Likoud,* a été remplacé par le travailliste Yitzhak Rabin, élu avec la mission de poursuivre les négociations de paix.

Des accords entre Israël et ses voisins, une solution politique avec les Palestiniens bouleversent la situation du Proche-Orient. Cette paix est d'autant plus urgente que, dans les pays de cette région et en Afrique du Nord, des intégristes musulmans s'efforcent de prendre le pouvoir. Parmi les Palestiniens, le mouvement *Hamas* fait des adeptes au détriment de l'OLP. Celle-ci n'a pas encore aboli sa Charte, mais est disposée, depuis 1988, à des négociations. Par contre, *Hamas,* l'aile palestinienne des Frères musulmans, ne propose que la « guerre sainte » contre Israël [18].

Israël dans le monde

L'État d'Israël a pour mission de « normaliser » les relations entre le peuple juif et les nations. Il n'a pas ménagé ses efforts pour réaliser cet objectif. Mais les tensions entre les deux super-puissances ainsi que les guerres israélo-arabes ont lourdement pesé sur la situation d'Israël dans le monde.

En novembre 1948, les États-Unis et l'Union soviétique ont voté avec trente et un autres États de l'ONU le partage de la Palestine. L'URSS a toujours condamné le sionisme comme une « idéologie bourgeoise » mais a soutenu à l'ONU « les aspirations des juifs d'établir leur propre État ». À cette époque, l'URSS voulait surtout évincer les Anglais du Proche-Orient.

Lors de sa création, l'État d'Israël jouissait de la sympathie de nombreux pays d'Europe et d'Amérique. David Ben Gourion désirait alors une position de neutralité pour le jeune État. Mais ses vœux furent rapidement déçus : dès les années 1950, l'URSS et ses satellites s'engageaient dans le soutien du bloc arabe hostile à Israël et développaient des politiques ouvertement antisémites.

Les États-Unis ont reconnu l'État d'Israël mais convoitaient également les sympathies des Arabes. Ils refusaient la livraison de matériel militaire à Israël. Le jeune État se tourne alors vers l'Europe : il noue d'étroites relations avec la France. En 1960, David Ben Gourion rencontre le chancelier de l'Allemagne fédérale (RFA), Konrad Adenauer. Malgré la vive résistance d'une fraction de la population israélienne, des relations d'abord économiques puis diplomatiques s'établissent entre ces deux pays. Et lorsque la CEE s'organise, Israël obtient des accords commerciaux spéciaux.

Dans les années 1950-1960, Israël a développé la coopération technique avec la plupart des pays d'Afrique et d'Amérique du Sud ainsi qu'avec la Birmanie en Asie. Plus de 4 000 experts israéliens ont travaillé dans les pays du tiers monde de 1958 à 1972. Ils étaient très appréciés pour leur savoir-faire, expérimenté dans les difficultés mêmes du jeune État d'Israël. Pendant la même période, plus de 15 000 étudiants originaires de ces pays recevaient en Israël une formation en médecine, agriculture et génie rural[19].

Les guerres des Six-Jours et du *Kippour* entraînent de nombreuses ruptures diplomatiques. L'URSS ferme son ambassade à Tel-Aviv. Ses satellites et les pays africains épousent la cause palestinienne. Le général de Gaulle accuse Israël d'être l'agresseur dans la guerre des Six-Jours et décrète l'embargo sur l'envoi de matériel militaire. Israël se tourne alors de plus en plus vers les États-Unis, seul allié fidèle sur la scène internationale. Malgré des divergences marquant les relations entre ces deux pays, Israël dépend de plus en plus, pour sa défense et pour son économie, des États-Unis.

Pendant vingt ans, l'image d'Israël dans le monde se dégrade. Les juifs et leur État ne sont plus perçus comme les victimes de la *Shoah*, mais comme un peuple vainqueur — « dominateur », dit de Gaulle —, opprimant les Palestiniens. À l'ONU, la majorité automatique formée par l'URSS, les autres pays communistes et la plupart des États du tiers monde vote systématiquement contre Israël. Souvent, des pays d'Europe occidentale, dont la France, se joignent aux condamnations d'Israël. En 1975, la résolution 3379 assimilait le sionisme au racisme. Elle n'a été annulée qu'en décembre 1991.

L'URSS amorce un dégel de ses relations avec Israël dès 1988 : cela aboutit en 1991 au rétablissement des relations diplomatiques et en 1992 à une visite de Mikhaïl Gorbatchev en Israël[20]. À la fin des années 1980, tous les pays d'Europe de l'Est ont renoué des relations avec Israël. Depuis l'éclatement de l'URSS, les États de la CEI — et parmi eux les républiques islamiques — ont établi des contacts avec Israël.

La fin de la guerre froide ainsi que le début des pourparlers de paix ont conduit à la reprise des relations avec la plupart des pays africains. Mais, surtout, Israël peut s'ouvrir sur l'Asie : en janvier 1992, la Chine et l'Inde ont établi des relations diplomatiques avec Israël. Celles-ci se sont aussi améliorées avec le Japon. Avec l'Extrême-Orient, qui ne connaît guère le judaïsme, Israël s'efforce de développer non seulement des échanges commerciaux mais aussi des relations culturelles. Dès avril 1992, à Pékin, un colloque a réuni, sous l'égide du Congrès juif mondial, des chercheurs chinois et israéliens apportant des informations sur leurs civilisations respectives qui n'ont encore jamais réellement dialogué. À l'Université hébraïque, des étudiants israéliens se forment pour ces nouveaux contacts[21].

En définitive, au printemps 1993, Israël entretient des relations diplomatiques avec 120 pays sur les 180 membres de l'ONU. Cette embellie résoudra-t-elle les difficiles relations de l'État d'Israël avec les organisations internationales ? Israël est membre de l'ONU depuis 1949 mais il recherche toujours le groupe régional auquel il pourra participer. En effet, géographiquement, il devrait faire partie du groupe de l'Asie dans lequel siègent aussi l'Irak et l'Iran qui lui refusent toute coopération. Il demande donc à être admis, au moins temporairement, dans le groupe « Européens et les autres[22] ».

Israël reste un petit pays, mais il joue un rôle central sur l'échiquier international. Les échanges lui assurent l'ouverture sur le monde et confortent son existence. Tantôt solitaire, tantôt courtisé, l'État d'Israël compte ses plus fidèles amis dans les judaïcités dispersées à travers le monde.

DEUXIÈME PARTIE

DIVERGENCES ET CONVERGENCES

VI.
IDENTITÉS

Pendant des siècles, le juif était défini comme celui qui pratiquait la religion juive. Aujourd'hui, la judéité peut revêtir de multiples expressions : adhésion aux formes religieuses, à l'histoire et à la culture juives, affirmation de l'ethnicité et du nationalisme juif.

Identités juives religieuses

Les milieux religieux traditionnels reconnaissent comme *juif* celui qui est né d'une mère juive ou qui s'est converti au judaïsme. La simplicité de cette définition qui est celle de la *halakha* n'est qu'apparente, car des courants religieux modernistes contestent la seule filiation matrilinéaire tandis que les orthodoxes mettent en cause la validité de certaines conversions au judaïsme.

L'État d'Israël, lui-même, n'a pas de définition univoque du juif. Les droits à la loi du Retour, selon un amendement voté en 1970, sont accordés

> à l'enfant, au petit-enfant du juif, à son conjoint, au conjoint de l'enfant et du petit-enfant [du juif] ; à l'exception d'une personne qui était juive et s'est convertie de son plein gré. Le

> fait que le juif en vertu duquel sont reconnus les droits [ci-dessus] soit en vie ou non, qu'il ait lui-même immigré en Israël ou non est sans influence sur la reconnaissance de ces droits [1].

La législation israélienne étend donc le droit à l'immigration à tout descendant d'un juif non converti à une autre religion jusqu'à la troisième génération. Elle est une sorte de réplique à la législation nazie qui persécutait les juifs jusqu'à la troisième génération. Cette disposition diffère de la législation religieuse, la *halakha,* en ce qui concerne les couples mixtes et leurs descendants. Elle confirme, en revanche, l'idéologie de l'État d'Israël qui inclut dans sa mission le rassemblement de tous ceux qui possèdent un lien avec le peuple juif. Le sionisme met donc l'accent sur la notion de peuple juif laquelle est loin de coïncider avec la pratique de la religion juive.

Courants religieux du judaïsme

Depuis le XIXe siècle, les milieux religieux juifs sont fortement divisés entre courants traditionnels et modernistes.

L'orthodoxie juive est fidèle aux prescriptions de la *Torah* et à l'enseignement talmudique, mais sa conception du judaïsme n'a jamais été monolithique. De l'Antiquité à nos jours, rabbins et fidèles ont étudié les textes sacrés et en ont proposé des interprétations pouvant varier entre les sages et leurs écoles de pensée.

L'émancipation et, dans une certaine mesure, le sionisme ont provoqué au sein même de l'orthodoxie des conflits entre modernistes et traditionalistes : les modernistes, tout en affirmant leur fidélité à la *halakha* et aux pratiques religieuses, acceptaient les changements qui se sont produits au XIXe siècle et soutenaient certains efforts d'adaptation. En France, cette tendance est représentée par le Consistoire, en Grande-Bretagne, par la Synagogue unie *(United Synagogue)*, aux États-Unis, par le Conseil rabbinique d'Amérique *(Rabbinical Council of America)*. Dans le mouvement sioniste, le *Mizrahi*, qui deviendra par la suite le parti politique *Mafdal*, défendait, dès le début du XXe siècle, les positions des religieux favorables à la renaissance juive en *Eretz Israel*.

Dans la plupart des pays où ils ont joué un rôle dans la création des communautés juives, les séfarades orthodoxes maintiennent des synagogues où ils prient selon leurs rites. En Grande-Bretagne, par exemple, un Grand Rabbin achkénaze préside officiellement aux destinées religieuses de la judaïcité britannique mais, jusqu'en 1984, un *Hakham* (Sage) était le chef de la « communauté espagnole et portugaise ». Depuis un rabbin né au Maroc et un autre originaire de Gibraltar se partagent ce rôle [2]. En Israël — séquelle du mandat britannique —, deux Grands Rabbins, l'un séfarade, l'autre achkénaze, exercent les pouvoirs religieux. Dans les milieux pratiquants, les différences entre traditions séfarade et achkénaze demeurent et même s'affirment en diaspora comme en Israël dans la mesure où des migrants récents venant d'Afrique du Nord et du Proche-Orient ont rejoint les descendants des séfarades établis dans ces pays depuis des siècles.

Dans la plupart des pays d'immigration de la diaspora, des conflits se développèrent, dès le XIXe siècle, entre les juifs originaires d'Europe orientale et les juifs qui se considéraient comme « autochtones » et émancipés. À Vienne, Berlin, Paris, Londres, New York et ailleurs, les *Ostjuden* pauvres étaient mal accueillis. Ces juifs de l'Est, souvent très attachés non seulement à leur langue, le *yiddish,* mais encore à leurs traditions religieuses, critiquaient vivement — avant l'amorce d'une intégration dans les nouveaux pays — la conception du judaïsme de leurs coreligionnaires qui s'affirmaient comme « Israélites » autrichiens, allemands, français ou américains. Ils ont fondé leurs propres institutions plus proches de l'orthodoxie telle qu'on la concevait en Europe orientale. Déjà, des ultra-orthodoxes s'opposaient aux orthodoxes modernistes.

Les orthodoxes d'Europe orientale se divisaient eux-mêmes entre *hassidim* et *mitnagdim.* Le hassidisme est un courant mystique fondé au XVIIIe siècle en Ukraine par le Baal Shem Tov. Ce mouvement populaire préconisait la pratique religieuse dans la joie ; il insistait sur l'union avec Dieu et s'opposait aux tendances rationalistes et surtout élitistes des *yechivot* d'Europe orientale. Des opposants *(mitnagdim)* rabbiniques d'abord conduits par le Gaon de Vilna contestaient le hassidisme et le considéraient comme une secte hérétique. Cependant, les communautés hassidiques se développèrent et se diversifièrent en Europe orientale. Des rabbins, souvent réputés comme pouvant accomplir des miracles, rassemblaient des fidèles. Ce monde où l'on se déchirait entre *mitnagdim* et *hassidim* et, parmi ceux-ci, entre les adeptes groupés autour de leurs Rabbis, a été exterminé par la *Shoah.* Pourtant, quelques Maîtres ont trouvé refuge aux États-Unis et en Israël : les hauts lieux de l'ultra-orthodoxie juive se trouvent aujourd'hui à Brooklyn, Jérusalem et Bné-Brak. Parmi les *hassidim,* les Loubavitch sont particulièrement actifs : leurs adeptes sont des missionnaires essayant de ramener aux pratiques religieuses des coreligionnaires qui s'en sont éloignés.

Il y a cinquante ans, cette ultra-orthodoxie paraissait

irrémédiablement frappée par la *Shoah*. Aujourd'hui, elle jouit d'une vitalité qui concurrence l'orthodoxie « moderne ». Dans toutes les grandes judaïcités diasporiques comme en Israël, se multiplient les *yechivot* et les centres d'études dont certains sont ouverts aux femmes. Rejointes par des « repentants » *(baalé techouva)*, ces institutions forment une nouvelle génération de juifs fortement attachés aux traditions religieuses. Cette nouvelle ultra-orthodoxie est voyante : elle n'hésite pas à se manifester publiquement à New York comme à Paris et ailleurs. Elle s'efforce de reconstituer dans les grandes villes des quartiers juifs pouvant vivre dans une quasi-autarcie. Elle tente surtout, avec un certain succès, d'exercer son influence sur les organisations officielles des communautés de la diaspora ainsi que sur le Grand Rabbinat d'Israël. On ne sait ce que représente numériquement cette nouvelle ultra-orthodoxie dans le monde. Aux États-Unis, seulement 6 % des juifs se disent orthodoxes, toutes tendances confondues [3]. En Israël, en 1990, les *haredim*, c'est-à-dire les ultra-orthodoxes, seraient au nombre de 400 000, environ 10 % de la population juive [4]. Or, dans ces deux pays, les ultra-orthodoxes sont mieux implantés qu'ailleurs, même si on les retrouve en France, en Grande-Bretagne, en Autriche, en Belgique, en Italie, au Danemark, au Canada, au Brésil, en Argentine, au Maroc [5] et surtout en ex-URSS où les Loubavitch jouent un rôle important dans le renouveau juif.

Sur le plan religieux, il existe également un mouvement réformé, conservateur et reconstructionniste.

Le judaïsme réformé ou libéral est né en Allemagne au début du XIXe siècle. Selon un de ses fondateurs, Abraham Geiger (1810-1874), le judaïsme, en constante évolution, doit s'adapter à l'esprit de son temps, la Bible peut être étudiée à la lumière de la critique biblique moderne ; monothéisme et éthique sont les éléments essentiels et constants du judaïsme ; liturgie et pratiques religieuses doivent évoluer dans l'espace et le temps. Dès le milieu du XIXe siècle, le judaïsme réformé se propage aux États-Unis [6] et en Grande-Bretagne [7]. En 1875, est fondé à Cincinnati le *Hebrew Union College*, le premier séminaire rabbinique libéral, qui crée une filiale à Jérusalem dans les années 1960 où, depuis 1970, tous les candidats au rabbinat réformé dans la diaspora passent au moins une année de leurs études [8].

L'idéologie et les pratiques du judaïsme réformé ont beaucoup évolué et innové depuis le XIXe siècle. Aujourd'hui, le judaïsme réformé ne valorise pas moins l'étude des textes sacrés que les orthodoxes ; les célébrations liturgiques reviennent partiellement à l'hébreu. Néanmoins, le judaïsme réformé continue à s'adapter aux sociétés contemporaines : depuis longtemps, hommes et femmes prient ensemble dans les synagogues libérales, plus récemment, des femmes ont reçu l'ordination rabbinique. Par ailleurs, le judaïsme réformé est le mouvement le plus ouvert aux couples mixtes et à leurs enfants. Aujourd'hui, des communautés juives réformées fonctionnent dans vingt-cinq pays, avec une force dominante aux États-Unis et dans l'ensemble des pays anglophones.

Le principal concurrent du judaïsme réformé, mais aussi son principal partenaire, est le judaïsme conservateur. Fondé au XIXe siècle par Zacharie Frankel (1801-1875), en réaction au radicalisme des réformés de cette époque et à la rigidité de l'orthodoxie, le judaïsme conservateur préconisait une voie moyenne entre tradition et modernité. Ses premiers séminaires théologiques ouvrent leurs portes d'abord à Breslau (Silésie) puis à Vienne, Londres et Budapest [9] : en Hongrie, les héritiers de la tendance conservatrice ont su préserver une présence juive religieuse jusqu'à nos jours, même à l'époque du régime communiste.

Comme le courant réformé, le courant conservateur s'est développé dès le XIXe siècle aux États-Unis où il est fortement implanté de nos jours. Achkénazes et séfarades ont coopéré à son organisation : ensemble, ils ont fondé en 1886, à New York, leur principale institution — le *Jewish Theological Seminary*[10].

Le mouvement conservateur définit le judaïsme comme une civilisation religieuse en constante mutation qui a su s'adapter aux enjeux et aux crises des temps présents[11] : dans les années 1950, il a d'abord accepté l'absence de séparation entre hommes et femmes dans ses synagogues, puis la célébration de la *Bath-Mitzva* des jeunes filles. Dans les années 1980, après de vifs débats, des femmes ont reçu l'ordination rabbinique[12]. Les conservateurs gèrent aujourd'hui des institutions dans plus de vingt pays, mais n'ont touché la France qu'en 1990[13].

Le troisième mouvement religieux non orthodoxe est celui des reconstructionnistes. Fondé aux États-Unis par Mordecaï Kaplan dans les années 1950, il a été rejoint par d'anciens membres des courants conservateurs et réformateurs, puis par des groupes religieux mettant l'accent sur la vie communautaire (*havourot*)[14]. Il considère le judaïsme comme une « civilisation religieuse en évolution » permettant à l'homme de réaliser toutes ses potentialités humaines[15].

Conçu d'abord par son fondateur comme une tendance intellectuelle pouvant créer un lien entre différentes perceptions de l'identité juive, le reconstructionnisme crée en 1968 son propre séminaire rabbinique à Philadelphie puis met l'accent sur la recherche d'une judéité en étroite relation avec les faits sociaux contemporains[16].

Le Grand Rabbinat d'Israël et la plupart des institutions orthodoxes et surtout ultra-orthodoxes de la diaspora s'opposent vivement à ces trois mouvements. Ils ne reconnaissent pas les ordinations rabbiniques des réformés et des conservateurs : en conséquence, ils contestent les conversions au judaïsme effectuées par eux. Aux États-Unis, en 1990, 35 % des juifs se déclarent proches des conservateurs, 38 % des réformateurs et 1,3 % des reconstructionnistes[17]. Les rabbins réformés sont regroupés dans la *Central Conference of American Rabbis* (CCAR), les communautés réformées dans l'*Union of American Hebrew Congregations.* Les rabbins conservateurs se réunissent en assemblée rabbinique (RA) et leurs synagogues dans la *United Synagogue of America.* Les rabbins orthodoxes forment le *Rabbinical Council of America* ainsi qu'une organisation rivale, le *Rabbinical Alliance of America.* Des synagogues orthodoxes sont regroupées dans l'*Union of Orthodox Jewish Congregations of America* (UJOCA). Mais les mouvements hassidiques et autres tendances ultra-orthodoxes se tiennent à l'écart de l'UJOCA. L'exemple américain est caractéristique des tensions qui persistent entre les différents courants du judaïsme religieux. En Israël comme dans la plupart des grandes judaïcités de la diaspora, l'institution du Grand Rabbinat s'efforce d'occulter ces différences, au moins face aux pouvoirs publics. Aux États-Unis, le *Synagogue Council of America* joue le rôle de porte-parole du judaïsme religieux et tente, sans grand succès, de coordonner les activités des organisations religieuses[18].

Ces quatre grandes tendances sont également organisées au niveau mondial : les communautés orthodoxes sont regroupées dans l'Union mondiale pour l'orthodoxie juive, qui n'inclut pas la plupart des groupes ultra-orthodoxes ; les réformés et les libéraux ont créé en 1928, à Londres, l'Union mondiale du judaïsme progressiste ; le Mouvement mondial du judaïsme conservateur appelé *massorti* (traditionnel) en Israël cherche à jeter un pont entre toutes les tendances. Depuis les années 1970, ces mouvements ont transféré à Jérusalem le siège de leurs instances internationales.

Identités juives a-religieuses

Une fraction seulement des juifs dans le monde contemporain adhère aux différentes expressions de l'identité juive religieuse. Une autre partie du peuple juif est agnostique ou a abandonné la plupart des pratiques religieuses. On ne dispose pas de statistiques mondiales sur l'adhésion effective des juifs au judaïsme en tant que religion : en 1990, aux États-Unis, seulement un tiers des juifs étaient membres d'une synagogue [19]. Dans les années 1970, en région parisienne, les juifs se partageaient en trois grands groupes : pour 34 % d'entre eux, le judaïsme était une religion mais 31 % se disaient attachés à la réalité juive en dehors de toute signification religieuse ; 31 % affirmaient leur attachement aux traditions historiques ou familiales ou à la communauté [20]. En Israël, en 1990, 33 % des enfants et adolescents fréquentaient les écoles appartenant aux différents courants religieux [21], proportion stable depuis des décennies. On sait que, dans leur majorité, les juifs de l'ex-URSS ne sont pas pratiquants. Ces quatre judaïcités représentent à elles seules 87 % de la population juive mondiale. Toutes les communautés juives encore traditionnelles il y a cinquante ans ont disparu dans la *Shoah* ou ont été transférées dans des sociétés où le judaïsme en tant que religion ne peut être pratiqué que par des choix personnels et volontaires. Certes, il est plus facile d'être un juif religieux en Israël qu'en diaspora, mais même en Israël se pose la question « qui est juif[22] ? ». Une fraction très importante, peut-être majoritaire, de la population juive mondiale s'affirme en ce tournant du XXIe siècle comme juive selon des critères autres que la religion.

Aujourd'hui, il y a des juifs qui se disent humanistes, laïcs, agnostiques ou, en pays anglophone, « séculiers ». Réformés, conservateurs et reconstructionnistes définissent le judaïsme comme une « civilisation religieuse », mais d'autres juifs suppriment le terme même de religieux pour ne conserver que celui de « civilisation ». Le judaïsme contemporain n'est pas seulement une religion ; il est aussi histoire, culture, mode de pensée, conception du monde. Sans nier les racines religieuses, ce judaïsme a-religieux les interprète et les applique, dans le temps et dans l'espace, en fonction d'un monde où le religieux n'est plus l'idéologie dominante. Ce monde a disparu, même si, en cette fin de XXe siècle, des intégrismes religieux s'efforcent de le reconstruire.

Comment définir le juif qui a abandonné les traditions religieuses ? La laïcité dite *juive* est contestée ; pourtant, elle existe depuis plus d'un siècle et connaît, en Israël comme en diaspora, un renouveau en affirmant son authenticité juive face aux formes religieuses du judaïsme ou à l'assimilation. Peut-être serait-il plus exact de parler d'identité juive a-religieuse ou sécularisée que de laïcité juive. La question essentielle concerne le contenu même de ce judaïsme qui ne s'identifie plus au religieux. En quelque sorte, de la trilogie « Dieu, la *Torah*, le peuple », le juif sécularisé retient surtout la dimension « peuple ». Un peuple se caractérise par son histoire, sa culture, sa langue, son pays.

Depuis un siècle, le sionisme est l'idéologie qui a le plus fortement mis en valeur la notion de « peuple juif ». Des Israéliens peuvent affirmer que le sionisme est aujourd'hui dépassé par la création de l'État d'Israël. Sans conteste, les Israéliens constituent un peuple au sein duquel religieux et a-religieux peuvent s'opposer. L'État d'Israël se propose d'incarner la « normalité » du peuple juif. En diaspora, la notion de « peuple juif » ne peut s'affirmer que dans les sociétés pluriculturelles qui admettent l'existence de groupes ethniques minoritaires. Cependant, dans les sociétés contemporaines, la notion de « peuple juif » se réduit plutôt à l'histoire et aux cultures juives.

L'histoire juive en diaspora s'est diversifiée dans le temps et l'espace en fonction des relations du peuple juif avec les peuples d'accueil. Certains la perçoivent comme une suite de persécutions ; d'autres, au contraire, mettent l'accent sur l'apport de l'héritage juif au développement des cultures universelles. Cette histoire plurielle est un témoignage existentiel de lutte pour la vie et la survie. Dans les recherches sociologiques sur l'identité juive, on reçoit souvent comme réponse : « Je suis le maillon d'une chaîne que je ne veux pas rompre. » L'histoire juive est cette chaîne ; l'affirmation de la judéité est le choix et la volonté de la non-rupture avec ses racines.

Les cultures juives sont elles aussi plurielles. Depuis le XIXe siècle, les achkénazes d'Europe centrale et orientale ont inventé, en langue *yiddish*, une culture juive riche en œuvres littéraires mais aussi en courants politiques. Les séfarades avaient peut-être plus de difficultés à se détacher des aspects religieux du judaïsme mais ils ont transmis, de siècle en siècle, leur langue, le judéo-espagnol, tout comme les juifs des pays d'Islam, les différents dialectes judéo-arabes. Le *yiddish* comme le judéo-espagnol ne sont guère parlés par les jeunes générations juives. Mais ces langues et leurs littératures sont étudiées dans les universités européennes, israéliennes et américaines, comme un héritage précieux du patrimoine juif.

Le judaïsme laïc paraît destiné à s'étendre. Au début du XXe siècle, un mouvement à la fois socialiste et laïc comme le *Bund*[23], créé en 1896, et divers mouvements sionistes socialistes se sont implantés dans tous les pays d'immigration des juifs originaires d'Europe orientale. Si, autrefois, les associations juives laïques étaient surtout situées à gauche, les nouvelles associations juives laïques mettent l'accent sur l'humanisme et la vie communautaire. En 1963, aux États-Unis, le rabbin réformé Sherwin Wine a fondé une communauté juive « sécularisée et humaniste » ; l'expérience a fait des adeptes : la Fédération internationale du judaïsme humaniste comptait 30 000 membres en 1988[24].

Dans les années 1960, a été créé à Bruxelles le Centre communautaire laïc juif (CCLJ) : il met l'accent sur des activités communautaires et culturelles. Depuis, ces associations se sont multipliées en diaspora comme en Israël où a été créé, en 1985, un Institut de recherche sur le judaïsme laïc et humaniste[25]. En 1988, la Fédération internationale des juifs laïcs et humanistes a réuni à Bruxelles un congrès auquel participaient des délégués venant de tous les continents. Selon cette institution :

> Est juive toute personne d'ascendance juive ou se déclarant juif(ve) qui s'identifie avec l'histoire, les valeurs éthiques, la culture, la civilisation, la communauté et le destin du peuple juif[26].

Cette définition dépasse largement celle de la *halakha*. En revanche, elle rejoint l'esprit de la loi du Retour telle qu'elle a été interprétée par les gouvernements israéliens dans les années 1950.

L'éducation juive

La transmission de l'identité juive, quelle que soit la définition de celle-ci, est un acte dont la responsabilité incombe d'abord aux parents. L'étude des textes sacrés a toujours été un pilier du judaïsme : dans le passé, toute communauté juive gérait un ou plusieurs *hadarim* où les petits garçons apprenaient l'hébreu, langue sacrée, et les principes religieux du judaïsme.

Au XVIIIe siècle, la *Haskala,* le mouvement juif des Lumières, a amorcé l'ouverture de ce système scolaire sur le monde profane. Aujourd'hui, plus que jamais, l'éducation juive joue un rôle fondamental dans la transmission du judaïsme. Toutes les judaïcités du monde libre possèdent leur système scolaire qui varie, cependant, d'un pays à l'autre.

En effet, des législations nationales régissent l'éducation formelle dans la plupart des États du monde. La possibilité de création d'écoles privées s'inscrit en marge des libertés accordées par les différents régimes politiques. Ainsi, dans l'ex-URSS et la plupart de ses pays satellites, tout enseignement confessionnel et privé était interdit : le réseau scolaire juif, encore important entre les deux guerres, a été détruit par le régime communiste. Seules la Hongrie et la Roumanie en avaient conservé quelques lambeaux. Depuis la fin des années 1980, dans ces pays, les communautés juives aidées par des organisations juives internationales et par l'État d'Israël s'efforcent de reconstruire le système d'éducation juive, tâche ardue dont on ne verra les effets que dans une ou deux décennies.

À la fin du XIXe siècle et dans la première moitié du XXe siècle, l'Alliance israélite universelle (AIU) et d'autres organisations juives européennes avaient créé des réseaux scolaires importants en Afrique du Nord, au Proche et Moyen-Orient et dans les Balkans. L'AIU avait pour vocation de promouvoir l'émancipation des juifs par l'éducation. Elle dispensait, le plus souvent en français, un enseignement de type moderne, tout en y joignant celui des traditions juives et éventuellement de l'hébreu. La colonisation française soutenait cette action éducative.

La création de l'État d'Israël, la décolonisation et l'émigration des populations juives ont eu pour conséquence une réorientation des activités éducatives de l'AIU. Elles sont centrées maintenant sur la France et l'Europe. Sous le nom d'Ittihad, l'AIU a maintenu un réseau au Maroc, seul pays arabe dans lequel fonctionnent encore des écoles juives[27].

En diaspora, l'éducation juive formelle connaît un développement important depuis une trentaine d'années. Aux Amériques, en Europe occidentale, en Afrique du Sud, en Australie, le statut des écoles juives varie d'un pays à l'autre : il dépend des législations concernant la séparation des Églises et de l'État ou relatives aux financements d'établissements scolaires privés. En France, où la séparation des Églises et de l'État est le fondement de la laïcité scolaire, des écoles privées peuvent, depuis la fin des années 1950, obtenir une subvention de l'État à condition d'accepter un certain contrôle pédagogique exercé par le ministère de l'Éducation nationale. Au Canada, où la séparation entre l'Église et l'État est moins stricte, fonctionne un système analogue compliqué par l'opposition entre anglophones et francophones.

On distingue deux formes principales de l'éducation juive : les cours de type *Talmud Torah* et les écoles juives à plein temps.

Les cours d'instruction juive, en semaine ou le dimanche, s'adressent aux jeunes fréquentant l'enseignement public de leur pays. Dans de nombreux pays, ils préparent surtout les garçons à la *Bar-Mitzva,* mais aussi des filles, de plus en plus nombreuses, à la *Bath-Mitzva* pratiquée par les réformés et les conservateurs, plus rarement par les orthodoxes.

Les écoles juives à plein temps assurent à la fois l'enseignement profane et l'éducation juive. Ce système connaît un développement important depuis les années 1960-1970 aux États-Unis, en France et en Grande-Bretagne. Cette expansion concerne aussi l'Amérique latine, l'Afrique du Sud, l'Australie. Les judaïcités les plus nombreuses et les mieux organisées possèdent les réseaux les plus développés [28].

Cependant, au début des années 1980, seulement 36 % à 40 % des jeunes juifs âgés de 3 à 17 ans dans le monde recevaient une éducation juive formelle à temps partiel ou complet. Mais ce taux de scolarisation juive était plus faible dans les écoles à temps complet (15 % à 17 %) que dans les cours à temps partiel (21 % à 23 %). Il variait aussi fortement d'un pays à l'autre. Globalement, la proportion des enfants recevant une éducation juive formelle était de 66 % en Argentine, en Afrique du Sud et en Australie contre 43 % aux États-Unis, 57 % en Grande-Bretagne, 26 % en France [29]. Dans ce pays, malgré la multiplication des établissements scolaires juifs, ce taux n'a que légèrement progressé à la fin des années 1980 [30].

Des organisations juives ultra-orthodoxes telles que le Mouvement des Loubavitch ou *Otzar HaTora* se sont investies dans l'expansion de l'éducation juive. Divers mouvements orthodoxes ont créé non seulement des écoles à plein temps dans lesquelles l'accent est mis sur l'étude des textes sacrés ainsi que sur l'observance stricte des pratiques religieuses, mais encore des académies talmudiques — *yechivot* —, en Israël comme aux États-Unis, en Australie, en Argentine, en Afrique du Sud et en Europe[31].

Le contenu des programmes des écoles juives s'inspire dans une large mesure du contexte de l'expression de l'identité juive. Aux États-Unis, réformés et conservateurs gèrent leurs propres réseaux qu'ils cherchent à étendre à d'autres pays. Il existe aussi des écoles qui insistent moins sur la pratique religieuse, se disant « communautaires ». Les grandes judaïcités du monde comportent un organisme chargé de la coordination de l'éducation juive et souvent de son financement au moins partiel. On peut aussi trouver, en diaspora, des écoles à tendance sioniste et d'autres de tendance culturaliste juive comme l'ancien système des écoles du *Bund*. En fait, le contenu de l'enseignement juif peut être pluriel, à l'image des identités juives, même si l'orthodoxie y joue aujourd'hui, dans de nombreux pays, un rôle dominant.

L'éducation juive dite informelle complète ces réseaux scolaires : mouvements de jeunesse, colonies de vacances, séjours en Israël offrent des contacts avec les multiples expressions de la judéité. En Amérique du Sud, les activités sportives constituent un lieu de rencontre pour la jeunesse juive.

L'éducation juive s'adresse aussi aux adultes : elle prend alors la forme d'activités culturelles ou de cercles d'études religieuses. Indépendamment de tout engagement confessionnel, en Amérique et en Europe occidentale, de très nombreuses universités ont développé depuis une vingtaine d'années des programmes d'études juives. Ces cours, qui s'adressent à un public mêlé juif et non juif, constituent une contribution importante à la connaissance du judaïsme.

En Israël, fonctionnent deux réseaux scolaires, l'un destiné aux populations arabes, l'autre aux populations juives. Depuis 1953, l'enseignement public juif, à tous les niveaux, distingue les « écoles d'État » des « écoles d'État religieuses ».

Le système éducatif public israélien a pour mission de former une nation avec des enfants d'origines très diverses. Mais, même en Israël, la transmission de l'identité juive n'est pas automatique. Les écoles d'État religieuses sont jugées par les ultra-orthodoxes comme pas assez efficaces dans le domaine de la connaissance et des pratiques juives. C'est pourquoi des réseaux scolaires « indépendants » mais subventionnés par l'État ont été créés par des ultra-orthodoxes : ils connaissent un développement important depuis les années 1970-1980. Et les écoles d'État développent depuis des décennies des programmes devant renforcer chez les jeunes Israéliens leur sentiment d'appartenance au peuple juif.

Mariages mixtes

La transmission de l'identité juive est déjà difficile dans un monde sécularisé lorsque le couple parental est juif. Elle l'est encore plus lorsque l'un des partenaires du couple n'est pas juif. Or, en diaspora, les mariages mixtes sont un fait de société qui traduit l'intégration des populations juives dans les populations globales de leur pays d'accueil. Ces unions ont toujours été pratiquées mais elles étaient peu nombreuses dans les communautés juives traditionnelles. Depuis une vingtaine d'années, les mariages mixtes se sont multipliés. Ils s'accompagnent parfois de la conversion du conjoint non juif au judaïsme, mais cette tendance semble plutôt en régression depuis les années 1980. On estime que, de 1980 à 1986, dans 30 % à 33 % des mariages mixtes, les conjoints non juifs ne se sont pas convertis au judaïsme. Cette proportion des mariages exogames est particulièrement élevée en Allemagne (65 % à 75 % des nouveaux époux juifs) et probable en ex-URSS, moyennement élevée en Italie, France, Belgique (36 % à 44 %), faible en Afrique du Sud (15 % à 24 %)[32]. Aux États-Unis, les deux tiers des couples mariés entre 1985 et 1990 sont mixtes[33].

Le taux de mariages mixtes célébrés en Israël est insignifiant car la législation rabbinique strictement appliquée rend impossibles ces mariages (*cf.* chap. 5). Néanmoins, le phénomène des mariages mixtes et de leurs descendants perturbe aussi la société israélienne : déjà, à la fin des années 1950, la vague d'immigration originaire de Pologne comportait des couples mixtes. L'actuelle vague venant de l'ex-URSS pourrait en augmenter le nombre. Il semble cependant que les positions du rabbinat israélien aient dissuadé les couples mixtes de l'ex-URSS : la vague arrivée de 1989 à 1991 n'en comporterait que 5 %. Les couples mixtes préféreraient d'autres destinations.

En cette fin du XXe siècle, les mariages mixtes sont devenus un problème majeur pour le peuple juif. Selon les démographes, ils sont l'une des causes de la baisse numérique des populations juives dans le monde. À l'inverse, on peut dire que les mariages mixtes seraient un facteur d'augmentation du nombre de juifs et du renouveau de la judaïcité, en ce sens que des personnes de plus en plus nombreuses sont associées, par des liens de parenté, aux milieux juifs.

Le problème posé au peuple juif par les mariages exogames est surtout identitaire. Selon la législation rabbinique, la filiation juive est matrilinéaire ; la plupart des rabbins orthodoxes refusent des conversions au judaïsme motivées par le mariage. Or, jusqu'à une période récente, les hommes juifs étaient plus nombreux que les femmes à conclure des mariages mixtes. De plus, malgré les mouvements féministes et le rôle de plus en plus important joué par les femmes dans les sociétés contemporaines, la transmission des identités idéologiques, dont l'identité religieuse, est plutôt assurée, dans le couple parental, par le père. Par ailleurs, il est de plus en plus difficile d'admettre aujourd'hui l'automaticité de la transmission d'une identité culturelle ou confessionnelle : être juif, c'est un choix qui est formulé, sous des expressions diverses, par chaque individu, à chaque génération.

Les rabbins réformés et, dans une certaine mesure, les conservateurs ont pratiqué depuis des décennies une politique d'accueil des couples mixtes et de leurs enfants. En 1983, après de longs débats, les rabbins réformés des États-Unis ont décidé que la judéité peut également être définie par la patrilinéarité à condition que l'enfant s'identifie lui-même comme juif[34]. Cette décision vivement contestée par l'orthodoxie n'est pas encore acceptée par tous les rabbins réformés du monde. Elle a pour conséquence de changer les données de l'affirmation de l'identité juive qui deviendra encore plus plurielle que par le passé, mais plus conforme aux réalités sociologiques.

VII.

LES RELATIONS AVEC L'AUTRE

Dans un monde de plus en plus planétaire, le petit peuple juif ne peut se replier sur lui-même. Bien au contraire, il cherche à dialoguer avec l'Autre, quelles que soient ses options idéologiques, ses appartenances confessionnelles. Parfois, ces efforts de rapprochement sont couronnés de succès, parfois ils échouent. En cette fin de XXe siècle, le respect des droits de l'homme, les tentatives de dialogue judéo-chrétien et judéo-musulman constituent les aspects positifs de ces relations à l'Autre ; l'antisémitisme et le néo-nazisme perturbent cette vision optimiste.

Les juifs et les droits de l'homme

Les juifs ne peuvent vivre et s'épanouir que dans les pays qui acceptent les principes de la Déclaration universelle des droits de l'homme. En diaspora, ils constituent une minorité. Or toute atteinte aux droits de l'homme, qu'il s'agisse de xénophobie, de racisme ou d'intolérance, menace les minorités et les individus, quelle que soit leur appartenance ethnique ou confessionnelle. La liberté et la tolérance sont, depuis les Lumières, les fondements de la démocratie. L'émancipation des juifs de la diaspora comme d'ailleurs la création de l'État d'Israël n'ont été possibles que dans des contextes socio-historiques reconnaissant les droits de l'homme.

Les juifs ont été les bénéficiaires de la Déclaration des droits de l'homme proclamée par la Révolution française en 1789 [1] qui reprend la Constitution américaine où est affirmée dès 1776 l'égalité entre tous les croyants et non-croyants [2].

Au milieu du XIXe siècle, naissent des organisations juives qui luttent d'abord pour l'émancipation des juifs dans tous les pays du monde, puis pour la défense des droits de l'homme, de quelque appartenance qu'il soit. Parmi elles, l'association *B'naï Brith* (Fils de l'Alliance) fondée en 1843 à New York qui veut « unifier les Israélites [...] et promouvoir leur cause et celle de l'humanité [3] ». Aujourd'hui, les *B'naï Brith* sont implantés dans quarante-sept pays. Ils ont créé, en 1913, la Ligue contre la diffamation *(Anti-Defamation League)* chargée plus spécialement de la lutte contre l'antisémitisme. Fidèles à leur projet fondateur, ils siègent à l'UNESCO et au Conseil de l'Europe en tant qu'ONG (organisation non gouvernementale).

L'Alliance israélite universelle (AIU) fondée à Paris en 1860 par Adolphe Crémieux se propose d'œuvrer à l'unité et à l'émancipation du peuple juif ainsi qu'à la diffusion des principes de la Déclaration des droits de l'homme de 1789 [4]. Pendant trois décennies, depuis 1943, l'AIU a été présidée par René Cassin, l'un des principaux auteurs de la Déclaration universelle des droits de l'homme votée en 1948 par l'Assemblée générale de l'ONU [5]. René Cassin s'engagea, pendant tout le reste de sa vie, dans la lutte pour l'application de ces droits et y associa l'AIU [6] ; à ce titre, il repose aujourd'hui au Panthéon. René Cassin n'est qu'un parmi ces nombreux juifs qui, au nom de leur éthique puisée au moins partiellement dans le judaïsme, ont combattu pour les droits de l'homme.

Relations judéo-chrétiennes

Les relations entre juifs et chrétiens ont varié dans le temps et l'espace. Depuis la fin de la Seconde Guerre mondiale, sous l'impact de la *Shoah*, de nouvelles relations se sont instaurées aussi bien entre juifs et catholiques qu'entre juifs et protestants. En 1947, soixante-dix personnalités catholiques, protestantes et juives se réunirent à Seeligsberg (Suisse) pour discuter des responsabilités des chrétiens dans la persécution nazie. Préparée à Oxford, dès 1946, par la *National Conference of Christians and Jews*, organisme fondé en 1928 aux États-Unis, la conférence internationale et interconfessionnelle de Seeligsberg rédigea un document largement inspiré par les propositions de l'historien Jules Isaac. Ce texte rappelle l'origine juive de Jésus et des premiers disciples de l'Église. Il dénonce les stéréotypes négatifs des juifs véhiculés par la catéchèse chrétienne. Préparé par des prêtres et des pasteurs à l'intention des chrétiens, soumis par les catholiques au Vatican, par les protestants au Conseil mondial des Églises, ce document constitue le point de départ d'une longue suite de réflexions et d'actions qui ont changé le climat des relations entre chrétiens et juifs depuis plus de quarante ans [7].

En 1965, le Concile de Vatican II vote, après des débats passionnés, la déclaration *Nostra aetate* qui marque un tournant des relations de l'Église catholique avec les autres religions et plus particulièrement avec le judaïsme. Le Concile rejette la vieille accusation de « déicide » et déclare que la mort de Jésus ne peut être imputée à tous les juifs de l'époque ni à ceux des autres temps. Il encourage le dialogue entre juifs et chrétiens [8]. Un comité international de liaison entre l'Église catholique et le judaïsme mondial créé après la publication de *Nostra aetate* est composé de représentants officiels de l'Église romaine et du Comité juif international pour les relations interconfessionnelles.

Néanmoins, les relations entre juifs et chrétiens ne sont pas au beau fixe. Une déclaration même solennelle de l'Église ne supprime pas les préjugés vieux de plus de dix-neuf siècles, comme l'ont montré certaines affaires.

Ainsi, en 1990, on apprenait que le Vatican instruisait le procès en canonisation d'Isabelle la Catholique, signataire du décret d'expulsion des juifs d'Espagne. La célébration était prévue pour 1992. Des milieux catholiques et juifs sont intervenus auprès du pape Jean-Paul II et ce projet a été ajourné *sine die* [9].

En juin 1984, le gouvernement polonais, communiste, autorisa l'installation d'un couvent de Carmélites dans l'ancien théâtre d'Auschwitz où les nazis avaient entreposé le Zyklon B devant servir à l'extermination des déportés. Ce bâtiment est situé sur le périmètre du camp tel qu'il a été inscrit, en 1978, au patrimoine mondial de l'UNESCO. Pour les juifs, Auschwitz est le symbole de la *Shoah*, de la mort qui ne supporte que le silence. Pour les catholiques polonais, Auschwitz est le symbole du martyre de la nation polonaise. Et au milieu des années 1980, l'Église polonaise résistait au régime communiste. La décision de transfert du couvent rendue par le Vatican le 1er avril 1993 a mis fin à une polémique qui durait depuis neuf ans [10]. La solution négociée concernant le Carmel d'Auschwitz est-elle un prélude au règlement d'un autre conflit entre l'Église catholique et les juifs ? Jusqu'à ce jour, le Vatican n'a pas reconnu l'État d'Israël.

Pourtant, depuis les débuts du mouvement sioniste, de la fin du XIXe siècle jusqu'à nos jours, les pétitions juives parfois soutenues par des catholiques [11] à ce sujet ont été nombreuses. En 1991, ont débuté entre des représentants du Vatican et du gouvernement israélien des pourparlers secrets qui s'inscrivent, d'une part, dans le processus de négociations israélo-arabes amorcées en 1991 à Madrid [12] et, d'autre part, dans le prolongement de réunions du Conseil international des chrétiens et des juifs auxquelles participent protestants, catholiques et juifs [13].

Le 29 juillet 1992, le Vatican a annoncé la création d'une commission bilatérale chargée de l'étude de l'établissement de relations diplomatiques entre le Vatican et le gouvernement israélien [14].

Les relations entre juifs et protestants sont plus difficiles à cerner. Les protestants n'appartiennent pas à une, mais à plusieurs Églises qui peuvent adopter des positions différentes et même s'opposer entre elles [15]. Depuis 1945 et surtout depuis Vatican II, se renforce, cependant, le mouvement œcuménique proposant le rapprochement de toutes les Églises chrétiennes.

Dès 1961, la troisième assemblée du Conseil œcuménique des Églises protestantes et orthodoxes avait voté une motion importante affirmant que

> dans l'enseignement religieux chrétien, les événements historiques qui ont conduit à la crucifixion ne devaient pas être présentés de manière à faire endosser aux juifs d'aujourd'hui des responsabilités qui reposent sur notre humanité tout entière et non sur une seule race ou communauté [16].

Implicitement, cette déclaration renonce à l'accusation de déicide accablant le peuple juif selon une catéchèse chrétienne séculaire.

Depuis, les rencontres entre juifs et protestants, ou entre Églises protestantes à propos des juifs, se poursuivent. Parmi les dernières motions produites, figure celle du Conseil international des chrétiens et des juifs réuni en Allemagne en 1992. Cette déclaration propose

> aux juifs et aux chrétiens la quête d'une base religieuse commune comme contribution à un monde meilleur [17].

Le dialogue entre juifs et protestants est dans une certaine mesure facilité par la pratique de la lecture de l'Ancien Testament, commune aux deux religions, mais l'interprétation de ce texte diffère. Sur le plan théologique, la coupure même de la Bible entre l'Ancien et le Nouveau Testament demeure une division fondamentale.

Le changement observé depuis moins d'un demi-siècle est plutôt d'ordre psychologique. Juifs et chrétiens sont devenus plus tolérants les uns à l'égard des autres : ils essayent de comprendre et de respecter leurs différences. Il est vrai que ce dialogue n'est possible qu'entre les tendances les plus modérées et les plus modernistes du judaïsme comme du christianisme.

L'Église grecque orthodoxe implantée en Grèce et dans l'ex-URSS n'est pas encore engagée dans le dialogue avec le judaïsme, car elle n'a pas connu les mutations vécues depuis 1945 par les Églises catholiques et protestantes. Au printemps 1993, des délégués juifs et des chefs religieux chrétiens orthodoxes se sont rencontrés pour la première fois à Athènes. Cette réunion amorce peut-être de nouvelles possibilités de dialogue. Le patriarche œcuménique Bartholomais résidant à Istanbul a affirmé :

> Notre origine spirituelle semble aujourd'hui plus que jamais constituer un terrain fécond pour rejeter les conséquences de

l'hostilité mutuelle qui prévalait dans le passé et promouvoir la création de nouvelles relations de travail en vue d'une compréhension mutuelle et d'une meilleure connaissance les uns des autres[18].

Le chemin sera long, surtout dans l'ex-URSS où l'anti-judaïsme se mêle aux réveils nationalistes. Pendant la période communiste, l'Église y est restée figée dans ses préjugés.

Relations judéo-musulmanes

Si les relations entre juifs et chrétiens peuvent être troublées par des prises de positions chrétiennes en faveur des Palestiniens, les relations entre juifs et musulmans sont profondément perturbées par le conflit israélo-arabe. Certes, la coexistence entre juifs et musulmans n'a pas été idyllique dans le passé, mais elle a sans doute été meilleure qu'entre juifs et chrétiens, car l'accusation de déicide qui fut à l'origine de tant de persécutions est, bien entendu, absente de l'islam.

Quelques contacts existent : mais il faut dire que les juifs sont plus nombreux à les promouvoir que les musulmans. En France, des liens se nouent souvent dans la lutte commune contre la xénophobie et le racisme. Cependant, l'intégrisme musulman, qui part en guerre contre la civilisation occidentale, ne favorise guère la reprise d'un dialogue, même si Israël et ses voisins vivent en paix.

Pourtant, dans la plupart des pays où coexistent chrétiens, musulmans et juifs se créent des « fraternités des fils d'Abraham ». Dans un monde déchiré, mais à vocation planétaire, se réunissent des hommes de bonne volonté rêvant et œuvrant ensemble à l'avènement du Messie.

Xénophobie, racisme, antisémitisme

En Europe, en Amérique et ailleurs, la résurgence de la xénophobie, du racisme et de l'antisémitisme constitue une menace.

L'Europe chrétienne était antijuive ; en se sécularisant, elle est devenue antisémite. Après la *Shoah,* sous le choc de l'horreur, les Européens ne pouvaient plus s'affirmer ouvertement antisémites. Dans de nombreux pays, membres de l'ONU, ont été votées des législations antiracistes, antidiscriminatoires, mais elles ne modifient que lentement des préjugés séculaires. Partout l'antisémitisme reste au moins latent. Il peut même survivre, comme en Pologne ou en Algérie, à l'émigration des juifs.

De nouvelles formes d'antisémitisme sont apparues après la *Shoah ;* elles assombrissent le panorama plutôt optimiste que nous avons dressé dans la première partie de ce livre. La contestation du génocide des juifs par les Allemands pendant la Seconde Guerre mondiale est l'une d'elles. Un Francais, Paul Rassinier, ancien déporté, est l'un des précurseurs du révisionnisme dit historique dans les années cinquante ; mais ce mouvement soutenu par les extrêmes droites se développe surtout à partir des années 1970 en Europe comme aux États-Unis [19].

L'antisionisme est l'un des aspects idéologiques de l'opposition arabe à l'existence de l'État d'Israël. En Union soviétique ainsi que dans ses pays satellites, il devient le masque de l'antisémitisme. Formellement, l'antisémitisme était interdit sous les régimes communistes. Il resurgit sous la forme de l'antisionisme car le bolchévisme soviétique a toujours considéré le sionisme comme une idéologie « bourgeoise »[20]. En novembre 1975, l'antisionisme recevait sa consécration internationale avec la résolution assimilant le sionisme à une forme de racisme votée à l'ONU par 72 voix pour, 35 contre et 32 abstentions. Tous les pays arabes, les pays musulmans, les pays communistes sauf la Roumanie et certains pays d'Afrique, d'Asie et d'Amérique latine, ont adopté cette motion, tandis que la plupart des pays occidentaux dont les États-Unis, la Grande-Bretagne et la France l'ont désapprouvée[21]. En décembre 1991, le contexte politique étant totalement modifié, l'Assemblée générale de l'ONU a révoqué cette résolution, fait unique dans les annales de l'organisation internationale.

La chute du Mur de Berlin, la guerre du Golfe sont passées par là, mettant fin à la guerre froide qui déchirait le monde, mais ces événements qui amorcent le XXIe siècle sont loin d'avoir instauré le nouvel ordre mondial dont on rêvait.

En Europe de l'Est, la chute des régimes communistes s'accompagne de crises économiques et du réveil des nationalismes comme de celui des vieux démons. En Russie la nébuleuse que forme le mouvement *Pamiat*, malgré sa diversité, propage l'antisémitisme. C'est désormais le vieil antisémitisme, à la fois nationaliste et chrétien, qui resurgit après avoir revêtu le visage de l'antisionisme. Pourtant, seulement 10 % des Russes s'avoueraient antisémites tandis que 75 % considéreraient l'antisémitisme comme « un phénomène social inquiétant[22]. » De Pologne, de Hongrie, de Roumanie, de Lituanie, d'Estonie, nous parviennent des informations préoccupantes[23].

L'antisémitisme latent en Europe occidentale peut resurgir sous forme de profanations de cimetières, de graffitis, d'actes de violence en France, en Grande-Bretagne, en Italie ou ailleurs.

L'antisémitisme est-il une forme de racisme ou une forme de xénophobie ? À cette question, on peut répondre que les juifs ne sont pas une race et que, dans leur majorité, les juifs de la diaspora sont citoyens de leurs pays respectifs où ils affirment leur patriotisme. L'antisémitisme est donc une forme de haine *sui generis*. La montée de la xénophobie dans l'Allemagne réunifiée ou en France ne peut laisser les juifs indifférents. La RFA avait ses travailleurs immigrés, en majorité turcs, qu'elle ne voulait pas intégrer ; elle recevait avec un libéralisme certain des demandeurs d'asile. Depuis la chute du Mur de Berlin et de sa réunification avec la RDA, elle est submergée par des réfugiés et pendant l'été 1992, la xénophobie explose [24]. Pourtant, les juifs allemands ne se sentent concernés que par la défense de la démocratie allemande. Ignatz Bubis, président du Conseil des juifs allemands depuis 1992, affirme à ses interlocuteurs que l'Allemagne de 1993 n'est pas celle de 1933 :

> Il est important, à l'étranger, que l'on ne croie pas que l'Allemagne brûle. La démocratie allemande tient bon. L'antisémitisme est pire en France qu'en Allemagne. Nous n'avons jamais eu une profanation de cimetière juif aussi importante que celle de Carpentras [25].

En France, selon le rapport annuel de 1992 de la Commission nationale consultative des droits de l'homme, 21 % des Français sont des racistes convaincus, 34 % sont « tentés par le racisme ». Les principales victimes du racisme français sont les travailleurs immigrés et, parmi eux, surtout les Maghrébins. De 1989 à 1992, en moyenne, une vingtaine d'actions antisémites (menaces, graffitis, agressions, profanations de cimetières) ont été enregistrées par an [26].

Aux États-Unis, l'incitation à la haine raciale est punie par la loi, ce qui n'empêche pas l'antisémitisme de sévir aussi dans ce pays. Selon le rapport publié par la *Anti-Defamation League* (ADL), 1 281 actions antisémites ont été commises en 1988. Les images télévisées de l'Intifada semblent avoir joué un rôle dans ces incidents, souvent perpétrés par des groupes organisés comme les skinheads [27]. Les relations entre juifs et Noirs se sont dégradées [28] pour des motifs divers, tels que les écarts socio-économiques ou l'influence des islamistes exercée sur la population noire.

L'antisémitisme est un fait social que l'on ne peut passer sous silence. Partout, dans le monde, des préjugés contre les juifs persistent. La mémoire de leur histoire récente y a rendu les juifs très sensibles, mais ils ont appris à vivre avec l'antisémitisme, au moins dans la mesure où il reste latent.

Extrêmes droites et néo-nazisme

L'antisémitisme, le racisme et la xénophobie se transforment en violences lorsque ces préjugés sont intégrés dans des idéologies politiques.

Cinquante ans après la défaite du IIIe Reich, les extrêmes droites y compris néo-nazies refont surface sur les échiquiers politiques des pays occidentaux. En fait, les anciens nazis n'ont jamais disparu. Nombreux sont ceux qui ont trouvé refuge en Amérique latine comme en Amérique du Nord. En Allemagne, l'épuration n'a pas été parfaite ; que dire de la France où l'on s'efforce encore de protéger d'anciens collaborateurs du régime de Vichy...

Quatorze à 15 % des Français votent pour le Front

national, présidé par J.-M. Le Pen ; en Allemagne, le parti républicain de F. Schoenhuber gagne des électeurs. Aux États-Unis, l'extrême droite a ses adeptes. La xénophobie et le racisme entretenus par la récession économique sont des aspects importants des programmes de ces partis politiques, hostiles à la démocratie.

Dans les années 1960 et 1970, l'extrême gauche véhiculait, elle aussi, sa dose d'antisémitisme et surtout d'antisionisme. Depuis, des néo-nazis ont pris le relais. Ils entretiennent des relations avec les partis que nous venons de citer tout en affirmant leur adhésion aux idéologies nationales-socialistes. Hitler et ses acolytes sont leur modèle ; les crimes commis par le IIIe Reich ne sont que des inventions des « judéo-maçons », des « judéo-bolcheviques ». Parti d'Allemagne et d'Autriche, ce néo-nazisme fait des adeptes parmi les jeunes en quête de provocation. Il tisse ses réseaux en Europe, en Amérique et dans le tiers monde[29].

Les démocraties sauront-elles faire face à la montée des haines véhiculées par des mouvements extrémistes définis aujourd'hui comme des « groupuscules » ? Les juifs eux-mêmes sauront-ils résister aux extrémismes qui peuvent naître parmi eux ? En ce tournant du XXIe siècle, la tolérance l'emportera-t-elle sur la haine ?

VIII.

LA DIASPORA ET ISRAËL

Les diasporas et l'État d'Israël forment aujourd'hui les deux pôles complémentaires du peuple juif. Les relations entre les juifs et le sionisme d'abord, avec l'État d'Israël par la suite ont connu depuis un siècle une évolution importante.

Le sionisme et les diasporas

Le sionisme n'a pénétré que lentement les milieux juifs. À la fin du XIXe siècle et jusqu'à la Seconde Guerre mondiale, ce mouvement politique préconisant la renaissance nationale juive a été mieux accueilli en Europe orientale qu'en Europe occidentale. À cette époque, trois fractions des populations juives s'y opposaient. Les juifs d'Europe occidentale, et parmi eux ceux de France, de Grande-Bretagne et des États-Unis, pensaient avec la majorité de leurs chefs spirituels et de leurs intellectuels que l'acquisition des droits des citoyens et l'intégration économique, sociale et politique dans leurs pays d'accueil étaient leurs principaux objectifs. Ils se méfiaient d'une idéologie contraire à l'assimilation. Toutefois, dans ces pays, les immigrés originaires d'Europe orientale prêtaient plus volontiers une oreille aux émissaires sionistes que leurs coreligionnaires « autochtones ».

En Europe orientale, et dans les pays d'immigration juive de cette origine, le sionisme s'affrontait au *Bund*, le mouvement ouvrier juif préconisant l'intégration du prolétariat juif parmi les prolétaires de tous les pays tout en défendant en même temps le droit des minorités et le développement de la culture *yiddish*. Les débats étaient particulièrement passionnés avec les sionistes socialistes qui s'adressaient au même public que le *Bund*[1].

Selon les courants de pensée majoritaires parmi les juifs religieux à la fin du XIXe siècle et au début du XXe siècle, le retour en Terre promise devait être l'œuvre du Messie. La venue du Messie peut être hâtée par l'observance des commandements divins, les *mitzvot*, mais Dieu seul est le Maître de l'arrivée du Messie et du retour en *Eretz Israel*. Or, les principaux penseurs et acteurs du mouvement sioniste ainsi que les pionniers déjà établis en *Eretz Israel* étaient des juifs sécularisés, a-religieux et même antireligieux. Aussi l'orthodoxie juive condamnait-elle le sionisme comme une hérésie, ce qui n'a pas empêché une minorité de juifs religieux de rejoindre ce mouvement dès le début du XXe siècle[2].

Le sionisme en tant que mouvement politique fut créé par Théodore Herzl, juif austro-hongrois. Dès la parution de son livre, *L'État juif* (1896), le mouvement sioniste se structure. L'Organisation sioniste est créée lors du premier Congrès sioniste réuni à Bâle en août 1897. Dès les congrès suivants, s'affirment des divergences d'opinions quant au projet de société du futur Foyer ou État juif : elles sont à l'origine des partis du mouvement sioniste qui deviendront les principaux partis politiques isaréliens. Dès le début du XXe siècle, naissent plusieurs courants de la gauche sioniste, des sionistes religieux et une droite sioniste. À chaque congrès du Mouvement — le 32e s'est réuni à Jérusalem en 1992 —, les membres de l'Organisation sioniste devenue mondiale élisent leurs délégués selon leurs sympathies pour telle ou telle orientation politique ou religieuse. Dans la plupart des pays de la diaspora, une fédération sioniste s'efforce de coordonner les différentes tendances du Mouvement sioniste. Les fédérations sont regroupées dans l'Organisation sioniste mondiale.

À ses débuts, le sionisme recruta ses sympathisants les plus nombreux en Europe orientale ; mais il s'implanta rapidement en Europe centrale et occidentale, en Amérique et même en Afrique du Sud [3].

Aux États-Unis, les premiers sionistes se recrutent parmi les originaires d'Europe orientale dès la fin du XIXe siècle. En fait, ces immigrants qui avaient choisi le Nouveau Monde proposaient seulement un soutien moral et financier à leurs coreligionnaires qui tentaient l'expérience de la renaissance nationale juive en *Eretz Israel.*

Le Mouvement sioniste gagna aussi les judaïcités d'Afrique et d'Asie. Des juifs profondément attachés aux traditions religieuses croyaient à l'arrivée du Messie, mais ils étaient moins sensibles aux idéologies politiques véhiculées par le sionisme. L'organisation des groupes sionistes dépendait du bon vouloir des colonisateurs et de leurs rapports avec les populations arabes. Ainsi, par exemple, en Afrique du Nord, l'Organisation sioniste était bien implantée en Tunisie et y recrutait des militants ; elle était autorisée en Algérie où la population juive ne répondait guère à ses appels, mais restait clandestine au Maroc où beaucoup de juifs voulaient s'établir en Terre promise [4]. En Irak, les activités de l'organisation sioniste ne furent autorisées que de 1920 à 1932, sous l'occupation britannique [5].

Quand la déclaration Balfour promettant la création d'un Foyer juif en Palestine (1917) commença à être suivie d'effet après la Première Guerre mondiale, le Mouvement sioniste connut un nouvel élan. L'utopie commença à devenir réalité. Toutefois les juifs d'Europe occidentale et d'Amérique concevaient ce Foyer juif comme un lieu de refuge pour leurs coreligionnaires obligés de quitter des pays où ils étaient pauvres et mal traités. Quant aux Britanniques, ils ne réalisèrent que partiellement leurs promesses. Pressés par les Arabes, ils publient en 1939 un Livre blanc limitant l'immigration juive à 75 000 personnes pour les cinq années à venir. Or, en 1933, Hitler avait pris le pouvoir en Allemagne ; plus que jamais, les juifs d'Europe centrale, puis ceux de tous les pays européens occupés par les nazis, cherchaient un refuge. La création de l'État juif devint alors un objectif politique pour les juifs de Grande-Bretagne et d'Amérique [6]. Lorsqu'ils eurent connaissance, au lendemain de la guerre, de l'étendue du désastre qui avait frappé les juifs d'Europe, les survivants s'engagèrent dans la lutte pour la création de l'État d'Israël dont l'existence devait sauver les restes du peuple juif.

L'État d'Israël et l'identité juive

En 1948, la création de l'État d'Israel est accueillie avec sympathie et curiosité par de nombreux pays du monde et avec joie par une majorité de juifs de la diaspora. En Israël, le juif s'est transformé en agriculteur et en soldat, deux métiers qui contredisaient le stéréotype du juif véhiculé par les antisémites ; il a retrouvé sa fierté. Il peut réaffirmer sa judéité.

Quatre décennies plus tard, l'expérience même de l'État d'Israël est devenue, en diaspora, un facteur incontournable de la prise de conscience de l'identité juive. Certes, tous les juifs ne sont pas sionistes ni pro-israéliens : certains sont même antisionistes — et parmi eux des religieux ultra-orthodoxes ainsi que des militants de gauche ; mais cette fraction minoritaire des judaïcités contemporaines ne peut faire abstraction de l'existence même de l'État juif.

Israël permet au juif le plus a-religieux de se considérer comme juif. Si l'image du paysan-soldat est aujourd'hui estompée, pour le juif de la diaspora, Israël constitue le ressourcement de son identité. À l'amour d'Israël, se mêlent des exigences éthiques auxquelles ce pays ne répond certes pas toujours. Aussi Israël peut-il être à la fois espérance et déception. N'empêche : son existence est liée à la perception même de la judéité.

La centralité d'Israël et la normalité du peuple juif

Dès sa création, Israël a affirmé sa centralité au sein du peuple juif. Ce discours n'est pas seulement propagé par des dirigeants politiques, par des intellectuels, mais encore par tout Israélien qui proclame sa supériorité par rapport à la diaspora. Qu'ils soient religieux ou a-religieux, tous les juifs considèrent plus ou moins explicitement la renaissance juive en Israël comme l'aboutissement de l'espérance messianique.

En même temps, Israël veut être un État comme les autres et incarner la normalité du peuple juif face à une diaspora qui s'effrite[7]. Selon l'écrivain Abraham B. Yehoshua :

> Pendant des milliers d'années, les juifs ont dit « l'an prochain à Jérusalem », en croyant à ce qu'ils disaient et en n'y croyant pas tout à la fois ; et il en est de même de nos jours. Puis un nouveau type de juif est né : le juif d'après l'exil. Il porte en lui la mémoire d'une indépendance ancienne, de la faillite de l'exil et aussi le renouvellement de cette indépendance. Son identité juive totale s'est accomplie dans une réalité complète et c'est en elle qu'il la met en jeu [...] Par son existence même, le groupe des Israéliens — en constant accroissement — possède les anticorps efficaces contre le phénomène historique de l'exil, et c'est lui qui doit conduire avec vigueur, avec intégrité et sans hypocrisie le grand débat entre Israël et la diaspora [8].

On ne saurait affirmer plus clairement la centralité d'Israël par rapport à la diaspora.

Des 2 033 519 juifs qui, de 1948 à 1990, ont immigré en Israël, seulement 2,5 % sont nés en France et en Grande-Bretagne, 3,4 % en Amérique du Nord (États-Unis, Canada [9]). En d'autres termes, les quatre judaïcités les plus nombreuses du monde occidental représentant 75 % des populations juives de la diaspora ne se sentent guère concernées par l'appel à l'*aliyah*. C'est un fait : les diasporas existent comme l'État d'Israël [10].

Les diasporas et le conflit israélo-arabe

Chaque guerre d'Israël émeut profondément la diaspora. Nul n'oubliera ce cri de Raymond Aron lorsque éclata la Guerre des Six-Jours :

> Je suis ce que l'on appelle un « juif assimilé » [...] Les juifs français qui ont donné leur âme à tous les révolutionnaires noirs, bruns ou jaunes, hurlent maintenant de douleur

pendant que leurs amis hurlent à la mort. Je souffre comme eux, avec eux, quoi qu'ils aient dit ou fait, non parce que nous sommes devenus sionistes ou israéliens, mais parce que monte en nous un sentiment irrésistible de solidarité. Peu importe d'où il vient. Si les grandes puissances, selon le calcul froid de leur intérêt, laissent détruire le petit État qui n'est pas le mien, ce crime, modeste à l'échelle du nombre, m'enlèverait la force de vivre et je crois que des millions et des millions d'hommes auraient honte de l'humanité [11].

La guerre des Six-Jours constitue un tournant dans les relations entre la diaspora et l'État d'Israël. Comme Raymond Aron, des millions de juifs diasporiques ont éprouvé une angoisse existentielle : ils ont découvert la fragilité de ce petit État, ils l'ont soutenu. Et les Israéliens, de leur côté, ont constaté que leurs plus fidèles alliés étaient les juifs de la diaspora.

La solidarité de la diaspora avec Israël en temps de guerre s'exprime de multiples manières : le soutien financier devient plus important, on envoie des volontaires. On décide même d'immigrer en Israël : les années 1965 à 1979 marquées par deux guerres sont aussi celles qui virent arriver les principaux flux d'immigrants nés en Amérique du Nord, en Grande-Bretagne et en France.

Dans la mesure du possible, les diasporas s'efforcent de jouer un rôle politique dans les relations de leurs pays respectifs avec l'État d'Israël. En cas de danger, toutes les grandes organisations nationales et internationales juives des pays libres affirment leur solidarité avec Israël. Parmi elles, celles des États-Unis jouent un rôle certain.

Mais cette solidarité fortement exprimée dans les années 1960-1970 n'est pas inconditionnelle. La diaspora, comme d'ailleurs nombre de juifs israéliens, n'a pas approuvé, unanimement, la guerre du Liban. Elle s'inquiète de l'*Intifada*. Elle a tremblé pour Israël lorsque les *Scuds* irakiens tombaient sur Tel-Aviv. Elle est partagée, comme les Israéliens, sur l'issue des négociations de paix. Plus volontiers et plus tôt que les Israéliens, des personnalités juives de la diaspora ont amorcé un dialogue avec des représentants des pays arabes et de l'OLP.

Plus particulièrement dans ces négociations de paix, des juifs américains ou français voudraient faire entendre leurs voix. Jean Halpérin préside depuis plus de trente ans les colloques des intellectuels juifs de langue française qui avaient organisé, en 1991, leur rencontre autour du thème « Morale et Politique en péril [12] ». Très attaché à l'existence de l'État d'Israël, fier de ses réalisations, il lance un appel pour un « dialogue permanent, ouvert, libre et exigeant entre Israël et la diaspora [13] ». Théo Klein, ancien président du CRIF et du CJE, presse les autorités israéliennes comme l'opinion juive en France d'entamer des négociations non seulement avec les pays arabes mais encore avec l'OLP [14].

Ces interventions politiques ne sont guère appréciées des Israéliens. Pourtant, la diaspora ne peut rester muette face à ce conflit crucial non seulement pour la survie d'Israël mais aussi celle du peuple juif. Des représentants des diverses organisations juives américaines s'efforcent depuis de longues années d'exercer une certaine influence sur la politique israélienne. À l'inverse, compte tenu du système américain, l'AIPAC, la Commission pour les relations publiques entre l'Amérique et Israël, constitue un lobby, cherchant à défendre les intérêts israéliens auprès des gouvernements américains successifs, mais l'AIPAC elle-même peut se trouver dans une position difficile lors de l'arrivée au pouvoir d'une nouvelle administration. Les Israéliens ne se privent pas de souligner la dépendance des plus grandes organisations juives de la diaspora à leurs gouvernements respectifs [15].

En Israël, de nombreuses personnalités et organisations préconisent une meilleure compréhension entre Juifs et Arabes. Le mouvement « La Paix maintenant » constitue, depuis les années 1970, un groupe de pression important revendiquant des négociations israélo-arabes [16]. Ce mouvement a des ramifications en diaspora. En avril 1993, la section américaine de « La Paix maintenant » a été admise, après de longs débats, à la Conférence des présidents des principales organisations juives américaines [17]. Ce fait est significatif d'une évolution de l'opinion juive américaine relative au conflit israélo-arabe et aussi de l'évolution de la politique israélienne.

La contribution de la diaspora à la vie de l'État d'Israël

Si les relations politiques entre les plus grandes communautés de la diaspora et l'État d'Israël ne sont plus inconditionnelles, la solidarité de la plupart des pays de la diaspora demeure une réalité. Elle se concrétise depuis la création de l'État d'Israël et même depuis les débuts du *yichouv* par une contribution financière toujours indispensable pour Israël.

Cette contribution varie d'un pays à l'autre, selon l'aisance des judaïcités. Sans nul doute, les juifs des États-Unis sont ce qu'on pourrait appeler « les grands donateurs ». Certains réduisent-ils leur attachement à Israël, voire même au judaïsme, à cette activité philanthropique ? En tout cas, elle constitue un aspect de l'affirmation de leur judéité [18]. La collecte ne concerne d'ailleurs pas seulement Israël. Depuis 1938, l'Appel juif unifié (UJA) centralise les dons destinés à Israël, aux communautés de la diaspora ainsi que les fonds nécessaires pour le fonctionnement des institutions juives américaines[19]. Il est aujourd'hui débordé par d'autres organismes collectant des fonds pour leurs propres besoins, mais cette centralisation de la collecte a servi de modèle à d'autres pays de la diaspora, dont la France.

Le citoyen israélien est l'un des plus imposés du monde ; mais Israël seul ne peut faire face à ses dépenses : la diaspora est en quelque sorte son banquier qui apporte de l'argent sans en exiger les intérêts ni le remboursement. Cette contribution lui permet d'aider la construction des infrastructures, l'intégration des immigrants le plus souvent démunis, ainsi que la défense qui exige des sommes considérables.

En outre, Israël compte sur les investissements des juifs de la diaspora et d'entrepreneurs de toute origine pour son développement économique. Ces entreprises de toute nationalité, défiant le boycott arabe, contribuent à aider l'industrie et la technologie israéliennes.

Le soutien moral n'est pas moins important aux yeux d'Israël que l'aide économique, il se manifeste par le flot de touristes juifs et non juifs ou les volontaires qui, en temps de guerre, remplacent, partiellement, la main-d'œuvre israélienne mobilisée. Enfin, l'*aliyah* vient de toutes les diasporas. Des familles se dispersent entre Israël et les cinq continents, ce qui contribue à créer des liens affectifs très forts entre Israël et la diaspora.

La contribution d'Israël à la vie de la diaspora

Israël, de son côté, s'inquiète de la survie des juifs en diaspora. Les gouvernements israéliens affirment volontiers leur devoir de défendre les juifs contre les manifestations de l'antisémitisme. Il arrive que les juifs diasporiques n'apprécient guère certaines interventions israéliennes dans la politique intérieure du pays dont ils sont les citoyens, mais l'existence même de l'État d'Israël les rassure : ils n'ont pas tout à fait oublié que, dans les années 1930, ils cherchaient désespérément un refuge.

Israël s'inquiète aussi de l'assimilation des juifs à leur pays d'accueil et déplore la perte de la judéité. C'est pourquoi les universités israéliennes ainsi que le Mouvement sioniste s'investissent dans des activités éducatives et culturelles en diaspora.

À l'exception des pays arabes, en cette fin de XXe siècle, le Mouvement sioniste et son exécutif — l'Agence juive — sont en relation avec toutes les diasporas du monde et même aujourd'hui, avec celles de la CEI et des anciens satellites de l'URSS où ils sont très actifs.

Avant la création de l'État d'Israël, l'Organisation sioniste mondiale avait pour objectif la réalisation du projet sioniste ; dès 1922, elle était dotée d'un organe exécutif, l'Agence juive, chargée de collaborer avec les autorités du mandat britannique à la mise en valeur de la Palestine. En principe, l'Organisation sioniste et l'Agence juive avaient atteint leur but avec la proclamation de l'État d'Israël, mais dans les années 1950, l'État d'Israël et la diaspora décidèrent d'un commun accord le maintien de ses structures avec quelques modifications. L'Agence juive a ouvert des bureaux dans tous les pays où le sionisme peut s'exprimer. Elle se concentre sur l'immigration, l'éducation juive, l'enseignement de l'hébreu et laisse aux ambassades israéliennes les relations politiques et diplomatiques. En Israël même, des ministères dont celui de l'Intégration des immigrants ont relayé les principales activités autrefois assurées par l'Agence juive.

Depuis plusieurs années, le fonctionnement de ces structures est discuté et contesté ; on les accuse d'être trop bureaucratisées. Parmi les mutations proposées, on suggère la création d'un « parlement du peuple juif » chargé des relations entre Israël et la diaspora [20].

En cette fin du XXe siècle, les relations entre Israël et la diaspora se caractérisent par des réseaux d'échanges complexes d'où les tensions et les conflits ne sont pas absents. Mais Israël et la diaspora ont compris qu'ils ont besoin l'un de l'autre et qu'ils œuvrent à une même tâche : la survie et le développement du peuple juif.

Israël et la judaïcité américaine constituent, aujourd'hui, en quelque sorte, les deux « super-puissances » du monde juif. On peut seulement espérer qu'elles laisseront aux autres diasporas qui, elles aussi, existent, la possibilité de s'affirmer dans leur spécificité.

CONCLUSION

LES JUIFS, UN PEUPLE ?

Dans les villages et les villes d'Israël, on rencontre des juifs blancs, bruns, noirs ; des juifs aux yeux bleus, foncés ou bridés, aux cheveux lisses ou crépus. Les juifs ne sont certainement pas une race ; bien au contraire, physiquement, ils portent les marques de toutes les races humaines.

Les juifs sont-ils un peuple ? Historiens et sociologues ont savamment affirmé ou contesté l'existence d'un peuple juif. Dans un livre intitulé *Fin du peuple juif ?* (1965), le sociologue français Georges Friedmann [1] analysait la différenciation progressive entre les juifs d'Israël et ceux de la diaspora. Ce titre a beaucoup ému les milieux juifs, car la plupart des critiques avaient oublié le point d'interrogation sur lequel insistait l'auteur.

On peut cependant poser la question : les juifs sont-ils un peuple ? Selon la tradition religieuse, les juifs sont le « peuple élu ». Cette élection leur confère non seulement l'obligation d'observer l'Alliance conclue au Sinaï, mais encore d'annoncer à l'humanité entière l'existence du Dieu unique, mission que leur contestaient le christianisme et l'islam. Le patrimoine juif religieux l'affirme néanmoins hautement tout en recherchant un équilibre entre le particulier et l'universel. Toutefois, en cette fin du XXe siècle, les juifs ne constituent plus seulement un groupe humain à identité religieuse. La trilogie « Dieu, la Torah, le peuple » a éclaté. Pourtant, réunis dans l'État d'Israël ou dispersés sur les cinq continents, treize millions d'hommes et de femmes revendiquent une identité juive aux expressions multiples. Le peuple juif, si peuple il y a, est un peuple aux mille visages.

La solidarité juive se concrétise, depuis des siècles, par des échanges entre les judaïcités du monde. Elle est une inquiétude, une angoisse permanente qu'éprouve toute communauté juive pour ses frères et sœurs menacés par l'antisémitisme.

Le sauvetage des juifs en danger est ressenti comme une obligation [2] traduite aujourd'hui en actions philanthropiques, culturelles et politiques par des organisations telles que l'*American Joint Distribution Committee* et le Congrès juif mondial qui regroupe des représentants de toutes les judaïcités du monde [3]. Depuis cinquante ans, la *Shoah* puis l'État d'Israël ont renforcé les liens entre les juifs quelles que soient leurs origines et l'expression de leur identité.

Les juifs, un peuple ? Certes, si l'on considère qu'un réseau de solidarités marquées par l'histoire les rattache les uns aux autres. Ce peuple affirme volontiers son identité comme tous les peuples du monde. D'ailleurs, ses ennemis lui reprochent cette altérité ainsi que sa solidarité.

En ce tournant du XXIe siècle, un peuple, quel qu'il soit, ne saurait demeurer solitaire, replié sur lui-même. Du nord au sud, d'est en ouest, l'humanité est solidaire. Les moyens de communication, les médias ont rapproché les hommes. Les juifs ne forment qu'un tout petit peuple dispersé, mais ancré au cœur de notre planète.

Toute évolution de notre Terre concerne les juifs. Leur

avenir est étroitement lié à celui du monde : s'il se déchire dans des guerres, des juifs seront atteints ; s'il s'oriente vers la paix, des juifs seront impliqués.

*

Les pourparlers entre Israël et Arabes amorcés lors de la conférence de Madrid le 31 octobre 1991 semblaient s'enliser. Pourtant, à l'abri des médias, les négociations se sont poursuivies. Le 26 août 1993, Shimon Peres, ministre israélien des Affaires étrangères, annonce un accord entre Israéliens et Palestiniens sur l'autonomie des territoires administrés concernant d'abord Jéricho et Gaza. Le 9 septembre, après de longues discussions au sein de l'OLP, Yasser Arafat fit signer à Tunis un accord de mutuelle reconnaissance entre l'OLP et Israël. Le 10 septembre, Yitzhak Rabin, Premier ministre d'Israël, signe à Jérusalem la reconnaissance de l'OLP par Israël. Le 13 septembre 1993, à Washington, en présence du président des États-Unis, Bill Clinton, Shimon Peres et Mahmoud Abas confirment ces accords. Une cérémonie solennelle avait réuni trois mille invités représentant juifs, Arabes et délégations diplomatiques de la plupart des pays du monde. Des millions de téléspectateurs ont été les témoins de la poignée de mains entre Y. Rabin et Y. Arafat.

Le 23 septembre 1993, veille de la fête de Kippour de l'année hébraïque 5954, la *Knesseth* a accepté ces accords qui ouvrent les chemins de la paix. Ils ne règlent pas tous les problèmes et seront suivis de longues et difficiles négociations. Mais ils ont brisé le principal obstacle à la paix : Arabes et Israéliens se sont engagés dans un processus que de part et d'autre ils avaient refusé jusqu'à présent.

Déjà, les ennemis d'hier élaborent des projets de développement économique. Ceux-ci sont nécessaires, mais la paix dépasse l'économie. La paix exige le courage de briser les peurs et les haines, de guérir les blessures mutuelles. Peu à peu, des échanges amicaux naîtront entre Israéliens et Palestiniens, entre tous les pays de cette région pour la construction d'une nouvelle société au Proche-Orient. Cette paix entre des vieux ennemis contribue à la prise de conscience de la possibilité de l'entente entre peuples et ethnies qui, pendant des décennies, dans ce monde déchiré, n'ont connu que le langage des armes.

Y. Rabin dans son discours à Washington à évoqué la sagesse de l'Ecclésiaste (III/1-8) : « Il est un temps pour tout... un temps pour aimer, un temps pour haïr, un temps pour la guerre et un temps pour la paix. » En cette fin du XXe siècle, l'histoire s'accélère : le peuple juif comme tous les peuples met son espérance en un monde de liberté et de paix.

NOTES

I. Migrations et tendances démographiques

1. On ne dispose que d'évaluations plus ou moins précises concernant la population juive dans le monde. Au début du XXe siècle, Arthur Ruppin a jeté les fondements de la socio-démographie du peuple juif. L'État d'Israël et, depuis les années 1960, une équipe de démographes réunis par Roberto Bachi à l'Université hébraïque de Jérusalem mènent des recherches en socio-démographie du peuple juif en Israël et dans la diaspora. Nous nous référons ici à leurs travaux. Ces chercheurs considèrent comme « juif » toute personne qui se déclare formellement ou informellement comme appartenant au groupe juif. Les chiffres cités concernent ce « noyau ». Toutefois, la recherche contemporaine s'intéresse aussi à la population juive « élargie » comprenant toutes les personnes d'une famille dont l'un des membres se déclare comme juif.

2. Ruppin (Arthur), *Les Juifs dans le monde moderne*, Paris, Payot, 1934, p. 28.

3. Schmelz (O. U.), Della Pergola (Sergio), « World Jewish Population », *American Jewish Year Book*, n° 82, 1982, p. 281.

4. Ruppin (Arthur), *op. cit.*, p. 33-34.

5. Central Bureau of Statistics, *Statistical Abstract of Israel*, n° 42, Jérusalem, 1991, p. 45.

6. Schmelz (O. U.), Della Pergola (Sergio), « World Jewish Population », *American Jewish Year Book*, n° 92, 1992, p. 484-

512. Cet article est notre principale référence pour les chiffres cités dans les chapitres 1 à 4.

II. L'Europe

1. Badinter (Robert), *Libres et égaux. L'émancipation des Juifs de France 1789-1791*, Paris, Fayard, 1989, 237 p.

2. Bensimon (Doris), *Les Juifs de France et leurs relations avec Israël, 1945-1988*, Paris, L'Harmattan, 1989, 285 p.

3. Colin (Holmes), *Antisemitism in British Society, 1876-1939*, Londres, Edward Arnold, 1979, p. 1-9.

4. Lerman (Antony), *The Jewish Communities of the World*, Londres, Macmillan Press, 1989, p. 170-171.

5. Bronsen (David), *Jews and Germans from 1860 to 1933 : the Problematic Symbiosis*, Heidelberg, Carl Winter Universitätsverlag, 1979, 383 p. ; Traverso (Enzo), *Les Juifs d'Allemagne, de la « symbiose judéo-allemande » à la mémoire d'Auschwitz*, Paris, La Découverte, 1992, 260 p.

6. *The Jerusalem Post*, n° 1570, p. 10-11 (édition internationale).

7. *American Jewish Yearbook*, 1992, p. 368.

8. *The Jerusalem Post*, n° 1676, 19/12/92, p. 12.

9. Fraenkel (Josef), *The Jews of Austria*, Londres, Vallentine-Mitchell, 1967, 585 p.

10. *American Jewish Yearbook*, n° 91, 1991, p. 327.

11. Lerman (Antony), *op. cit.*, p. 101.

12. Bok (Willy), « Considérations sur les estimations quantitatives de la population juive en Belgique », in *La Vie juive dans l'Europe contemporaine*, Bruxelles, Centre national des hautes études juives, 1965, p. 87-104.

13. Guthwirth (Jacques), *Vie juive traditionnelle*, Paris, Éditions de Minuit, 1970, 484 p.

14. Bok (Willy), « Belgium » in *American Jewish Yearbook*, n° 75, 1974-1975, p. 437-454 ; n° 77, 1977, p. 388-409.

15. Méchoulan (Henry) (éd.), *Les Juifs d'Espagne, histoire d'une diaspora 1492-1992*, Paris, Liana Levi, 1992, p. 191-227.

16. Lerman (Antony), *op. cit.*, p. 111.

17. Méchoulan (Henry), *op. cit.*, p. 397-408.

18. Della Pergola (Sergio), *Anatomia dell' ebraismo italiano,* Rome, Beniamino Carucci, 1976, 358 p.

19. *American Jewish Yearbook,* n° 89, 1989, p. 328-330.

20. Leroy (Béatrice), *L'Aventure séfarade, de la péninsule Ibérique à la diaspora,* Paris, Albin Michel, 1986, 206 p. ; Mechoulan (Henry), *op. cit.*, p. 14-41 ; Ayoun (Richard), Sephiha (Haïm Vidal), *Séfarades d'hier et d'aujourd'hui, 70 portraits,* Paris, Liana Levi, 1992, 367 p.

21. Lustiger (Arno), *Shalom Libertad ! Les juifs dans la guerre civile d'Espagne 1936-1939,* Paris, Éditions du Cerf, 1991. Mechoulan (Henry), « L'Espagne pays refuge », *Yod,* n° 19, 1984, p. 127-133.

22. Rozenberg (Danielle), « L'Espagne et les juifs », in *Combat pour la Diaspora,* n° 31-32, 1992, p. 19-34.

23. *L'Arche,* n° 418, mai 1992, p. 42-43 ; Martine Berthelot-Puic, « L'Espagne contemporaine, les juifs, les séfaradites », *Yod,* n° 35, 1993.

24. *Nouveaux Cahiers,* n° 96, printemps 1989, p. 9 et *Information juive,* n° 97, juillet 1990, p. 12 : interview du Président Soarès.

25. *Cf.* Catane (Moché), *Les Juifs dans le monde moderne,* Paris, Albin Michel, 1962, 316 p.

26. Bensimon (Doris), *L'Enseignement des disciplines juives dans les universités européennes,* Jérusalem, Centre international d'étude de la civilisation juive dans les universités, 1988. Selon cette enquête menée en 1986-1987, des disciplines juives sont enseignées dans 150 établissements d'enseignement supérieur des différents pays d'Europe de l'Ouest continentale.

27. Cf., par exemple, Vital (David), *L'Avenir des juifs,* Paris, Calmann-Lévy, 1990, 191 p.

28. Ruppin (Arthur), *op. cit.*, p. 31.

29. Doubnov (Simon), *Précis d'histoire juive,* Paris, Éditions du Cerf, 1992 (4e édition française), p. 292.

30. Carrère d'Encausse (Hélène), *L'Empire éclaté,* Paris, Flammarion, 1978, 309 p.

31. Sloves (Henri), *L'État juif de l'Union soviétique*, Paris, Les Presses d'Aujourd'hui, 1982, 318 p.

32. Carrère d'Encausse (Hélène), *Victorieuse Russie*, Arthème Fayard, 1992, p. 269.

33. Kochan (Lionel), *Les Juifs en Union soviétique depuis 1917*, Paris, Calmann-Lévy, 1971, 482 p. ; Pinkus (Benjamin), *The Jews of the Soviet Union, the History of a National Minority*, Cambridge, Cambridge University Press, 1988, 397 p.

34. Sachar (Howard M.), *Diaspora, an Inquiry into the Contemporary Jewish World*, New York, Harper and Row, 1985, p. 406-469.

35. Pinkus (Benjamin), *op. cit.*, p. 269.

36. *Cf.* Arié Lewine in *L'Arche*, n° 426, février 1993, p. 25.

37. Carrère d'Encausse (Hélène), *Victorieuse Russie*, p. 370.

38. Tollet (Daniel), *Histoire des juifs en Pologne du XVIe siècle à nos jours*, Paris, Presses Universitaires de France, 1992, 331 p. ; « Le judaïsme polonais dans l'entre-deux-guerres », *Yod*, n° 23, 1987 (n° spécial), 208 p.

39. Hilbert (Raoul), *La Destruction des juifs d'Europe*, Paris, Fayard, 1985, p. 1046.

40. Tollet (Daniel), *op. cit.*, p. 298-301 ; Hillel (Marc), *Le Massacre des survivants en Pologne, 1945-1947*, Paris, Plon, 1985, 352 p.

41. Wieviorka (Michel), *Les Juifs, la Pologne et Solidarnosc*, Paris, Denoël, 1984, 210 p.

42. *Cf.* Lerman, op. cit., p. 75-76 ; Bechtel (Delphine), « Les juifs hongrois entre la libéralisation et l'antisémitisme », *Nouveaux Cahiers*, n° 102, automne 1990, p. 5-10 ; *The Jerusalem Post*, n° 1555, 25/08/1990, p. 14.

III. Amériques

1. Marcus (Jacob, Rader), *To Count a People : American Jewish Population Data, 1585-1984*, Lanham, University Press of America, 1990, p. 224.

2. Elazar (Daniel J.), *Community and Politics. The Organi-*

zational Dynamics of American Jewry, Philadelphie, The Jewish Publication Society of America, 1980, p. 38.

3. Hertzberg (Arthur), *The Jews in America. Four centuries of an Uneasy Encounter*, New York, Simon and Schuster, 1989, p. 267.

4. Goldstein (Sidney), « Profile of American Jewry : Insights from the 1990 National Jewish Population Survey », *American Jewish Yearbook*, n° 92, 1992, p. 77-173. Cet article résumant les principaux résultats d'une recherche menée auprès d'un échantillon national est, sauf autre indication, la source du profil socio-démographique et socio-culturel que nous dressons dans ce chapitre.

5. Kaspi (André), « Le vote juif aux États-Unis : l'exemple de novembre 1980 », *Yod*, n° 17, 1983, p. 51-58.

6. *L'Arche*, n° 425, janvier 1993, p. 49.

7. Elazar (Daniel J.), *op. cit.*, *passim*.

8. Davis (Moshé), « L'enseignement de la civilisation juive contemporaine dans les universités », *Pardes*, n° 4, 1986, p. 120-132.

9. Weidenfeld (Morton), Shaffir (William), Cotler (I.), *The Canadian Jewish Mosaic*, Toronto, John Wiley and sons, 1981, 511 p.

10. *American Jewish Yearbook*, 1992, p. 293.

11. Lasry (Jean-Claude), Tapia (Claude), *Les Juifs du Maghreb : Diasporas contemporaines*, Paris, L'Harmattan, 1989, p. 19-84.

12. *American Jewish Yearbook*, 1992, p. 295.

13. Méchoulan (Henry), *Les Juifs d'Espagne, histoire d'une diaspora, 1492-1992*, Paris, Liana Levi, 1992, p. 581-583.

14. *L'Arche*, n° 426, février 1993, p. 46-47.

15. Lerman (Antony), *The Jewish Communities of the World*, Hound Mills, Macmillan Press, 1989, *passim*.

16. Sachar (Howard M.), *Diaspora*, New York, Harper and Row, 1984, p. 272-310 ; Lerman (Antony), *op. cit.*, p. 3-5.

17. *The Jerusalem Post*, n° 1558, 15/9/1990, p. 11-15 (édition internationale).

18. Correia de Novaes (Marie-Inès), « Les juifs du Brésil au XIXe siècle », *Yod*, n° 35, 1993.

19. Sachar (Howard M.), *op. cit.*, p. 276 ; *Regards*, n° 223, 28/2/1989, p. 22-23.

20. *Information juive*, n° 93, mars 1990, p. 9.

IV. Afrique, Asie, Océanie

1. Barnavi (Élie), *Histoire universelle des juifs*, Paris, Hachette, 1992, p. 194-195.

2. Lewis (Bernard), *Juifs en terre d'Islam*, Paris, Calmann-Lévy, 1986, 258 p.

3. *Les Juifs du Maroc. Images et textes*, Paris, Éditions du Scribe, 1992, p. 5-15.

4. Kastoryano (Riva), « Du Millet à la communauté, les juifs de Turquie », *Pardès*, n° 15, 1992, p. 137-158 ; *L'Arche*, n° 398, 9/1990, p. 48-52 ; n° 417, 4/1992, p. 34 ; *Les Nouveaux Cahiers*, n° 109, été 1992, p. 48-49.

5. Lerman (Antony), *The Jewish Community of the World*, *op. cit.*,p. 82-84.

6. *Ibid.* ; *passim*.

7. *Tribune juive*, n° 1141-1142, 10/01/1991, p. 11.

8. *L'Arche*, n° 384, 05/1989, p. 34-35 ; *Jerusalem Post*, édition française, n° 78, 6/05/1992, p. 3 ; *L'Arche*, n° 427, 03/1993, p. 36.

9. *L'Arche*, n° 419, 06/1992, p. 8.

10. Rouaud (Alain), « Juifs du Yémen », *Yod*, V/2, 1979, p. 73-87 ; *L'Arche*, n° 417, 04/1992, p. 39-46.

11. Touitou (Moshé), *Les Juifs d'Éthiopie, hier et aujourd'hui*, thèse de doctorat de l'INALCO, Paris, 1992 ; Kaplan (S.), *Les Falachas*, Bruxelles, Brépols, 1990 ; Ochs (Édith), Nantet (Bernard), *Les Falachas, la tribu retrouvée*, Paris, Manya, 1993, 212 p. ; Friedmann (Daniel), Santamaria (V.) ; « Les Falashas entre l'assimilation en Éthiopie et l'intégration en Israël », *Archives européennes de sociologie*, n° XXX, 1989, p. 90-119.

12. Roland (Joan G.), *Jews in British India, Identity in a Colonial Era,* Hanover, University Press of New England, 1989, 355 p. ; Abraham (Margaret), « An Analysis of Emigration Factors among the Jews of India », *The Jewish Journal of Sociology,* XXXIII/1, p. 5-20.

13. Leslie (Donald, Daniel), *The Survival of the Chinese Jews, the Jewish community of Kaifeng,* Leiden, E. J. Brill, 1972, 270 p. ; Godement (François), « La religion qui arrache les nerfs », *Yod,* n° 20, 1984, p. 101-111.

14. *The Jerusalem Post,* édition internationale, n° 1687, 6/03/1993, p. 13.

15. Tokayer (Marvin), Swartz (Mary), *Histoire inconnue des juifs et des Japonais pendant la Seconde Guerre mondiale, Le Plan Fugu,* Paris, Pygmalion, 1979, 254 p.

16. Sola (Richard F.), *Israël et les juifs en Asie extrême,* Paris, Institut d'études des relations internationales, 1993, p. 71-72.

17. Hadas-Lebel (Mireille), « Les Makuyas », *Information juive,* n° 85, 5/1989, p. 5.

18. *L'Arche,* n° 389, 11/1989, p. 42-44.

19. Della Pergola (Sergio), Dubb (Allié A.), « South African Jewry : a Socio-Demographic Profile », *American Jewish Year Book,* n° 88, 1988, p. 59-140.

20. Shimoni (Gideon), « South African Jews and the Apartheid Crisis », *American Jewish Year Book,* n° 88, 1988, p. 3-58 ; Uran (Steven), « Le judaïsme sud-africain entre conflits ethniques et dilemmes moraux », *Yod,* n° 22, 1985, p. 109-128.

21. Dores (Maurice), *La Beauté de Cham, Mondes juifs, mondes noirs,* Paris, Balland, 1992, p. 99-116.

22. Della Pergola (Sergio), Dubb (Allié), *op. cit.*

23. *American Jewish Year Book,* n° 69, 1968, p. 547.

24. Lerman (Antony), *op. cit.,* p. 195-198.

25. *Ibid.,* p. 6-9 ; Medding (Peter), *Jews in Australian Society,* Melbourne, Macmillan Company, 1973, 299 p.

26. Lerman (Antony), *op. cit.,* p. 113-114.

V. L'État d'Israël

1. Exergue au roman utopique *Altneuland, Pays ancien, pays nouveau,* trad. française, Paris, Stock, 1980.

2. Herzl (Théodore), *Journal 1895-1904,* morceaux choisis et présentés par Roger Errera, Paris, Calmann-Lévy, 1990, p. 155.

3. Bensimon (Doris), Errera (Eglal), *Israéliens. Des juifs et des Arabes,* Bruxelles, Éd. Complexe, 1989, p. 507-508. Sauf indication complémentaire, ce livre ainsi que Bensimon (Doris), *Religion et État en Israël,* Paris, l'Harmattan, 1992, 295 p. constituent les principaux ouvrages de référence à ce chapitre.

4. *Statistical Abstract of Israel,* n° 42, 1991, p. 45.

5. Hillel (Shlomo), *Le Souffle du Levant. Mon aventure clandestine pour sauver les juifs d'Iraq,* 1945-1951, Bruxelles, Didier Hatier, 1989, 284 p.

6. *Statistical Abstract of Israel,* n° 42, 1991, p. 168-169.

7. *Tribune juive,* n° 1143, 18/01/1991, p. 16.

8. La distinction entre « Orientaux » et « Occidentaux » n'est pas géographique mais socio-culturelle : elle est utilisée pour l'étude des processus d'intégration dans la société israélienne.

9. *Statistical Abstract of Israel,* n° 42, 1991, p. 164-165.

10. *Ibid.,* p. 83.

11. Bin-Nun (Ariel), *Le Droit de l'État d'Israël,* Paris, LITEC, 1992, p. 32-33.

12. *The Jerusalem Post,* n° 1691, 3/04/1993, p. 1-3 (édition internationale).

13. *Statistical Abstract of Israel,* n° 42, 1991, p. 644-645.

14. *Ibid.,* p. 344.

15. Hadas-Lebel (Mireille), *L'Hébreu : 3000 ans d'histoire,* Paris, Albin Michel, 1992, 190 p.

16. Heymann (Florence), *Les Études juives dans les universités israéliennes,* Jérusalem, Lettre d'information du Centre de recherche français, n° 10, septembre 1992, 151 p.

17. *Statistical Abstract of Israel,* n° 42, 1991, p. 710.

18. « Le *Hamas* à la lumière de sa Charte », *Cahiers Bernard Lazare,* n° 135/136, avril 1993, p. 41-46.

19. Barnavi (Élie), *Une histoire moderne d'Israël,* Paris, Flammarion, 1988, p. 295-322.

20. Gorbatchev (Mikhaïl), « Israël-Russie : les retrouvailles », *Information juive,* n° 124, 03/1993, p. 1-2.

21. *The Jerusalem Post,* n° 73, 1/04/1992, p. 4-7 et 10 (édition française) ; Sola (Richard), *Israël et les juifs en Extrême Asie,* Paris, Institut des relations internationales, 1992, 34 p.

22. *Tribune juive,* n° 1234, 22/04/1993, p. 29.

VI. Identités

1. Klein (Claude), *Le Caractère juif de l'État d'Israël,* Paris, Cujas, 1977, p. 81.

2. Alderman (Geoffrey), *Modern British Jewry,* Oxford, Clarendon Press, 1992, p. 372.

3. Goldstein (Sidney), « Profile of American Jewry : Insights from the 1990 National Jewish Population Survey », *American Jewish Yearbook,* n° 92, 1992, p. 170.

4. *Tribune juive,* n° 1110, 6/04/1990, p. 6.

5. Lerman (Antony), *The Jewish Communities of the World, passim.*

6. Fahri (Daniel), « Le judaïsme libéral entre la tradition et la modernité » in *Judaïsme, Sciences et Techniques,* Paris, Publications Langues'O, 1989, p. 101-116 ; Bok (Willy), « Messianisme universel et troisième Commonwealth. Aperçu du parcours idéologique du judaïsme libéral américain in Dierkens (Alain), *Le Libéralisme religieux,* Bruxelles, Éd. de l'Université de Bruxelles, 1992, p. 147-162.

7. Alderman (Geoffrey), *op. cit.*, p. 16.

8. Zucker (Norman), *The Coming Crisis in Israel. Private Faith and Public Policy,* Cambridge, MIT Press, 1973, p. 240.

9. Rosenthal (Gilbert S.), *Contemporary Jewry, Patterns of Survival,* New York, Human Sciences Press, 1986, p. 148-150.

10. *Ibid.*, p. 151-154.

11. *Ibid.*, p. 211.
12. Wertheimer (Jack), « Recent Trends in American Judaism », *American Jewish Yearbook*, n° 89, p. 124-139.
13. *Tribune juive*, n° 1223, 28/01/1993, p. 28.
14. Wertheimer (Jack), *op. cit.*, p. 139-142.
15. Rosenthal (Gilbert S.), *op. cit.*, p. 230-231.
16. Wertheimer (Jack), *op. cit.*, p. 139-144.
17. Goldstein (Sidney), *op. cit.*, p. 170.
18. Lerman (Antony), *op. cit.*, p. 117-118.
19. Goldstein (Sidney), *op. cit.*, p. 172.
20. Bensimon (Doris), Della Pergola (Sergio), *La Population juive de France : socio-démographie et identité*, Jérusalem, The Institute of Contemporary Jewry, Paris, CNRS, 1984, p. 241-264.
21. *Tribune juive*, n° 1234, 22/04/1993, p. 29.
22. Bensimon (Doris), *Religion et État en Israël*, Paris, L'Harmattan, 1992, 295 p.
23. Minczeles (Henri), « La mouvance bundiste : un siècle de laïcité juive », in *Juifs laïcs, du religieux vers le culturel, Panoramiques*, Paris, Arlea-Corlet, 1992, p. 53-58.
24. Wertheimer (Jack), *op. cit.*, p. 158.
25. *The Jerusalem Post*, 14/07/1985.
26. *Cahiers Bernard Lazare*, n° 121-122, 1989, p. 94-95.
27. Lerman (Antony), *op. cit.*, p. 108.
28. Himmelfarb (Harold), Della Pergola (Sergio), *Jewish Education Worldwide, Cross-Cultural Perspectives*, New York, University Press of America, 1989, 616 p.
29. *Ibid.*, p. 56.
30. Cohen (Erik), *L'Étude et l'éducation juives en France*, Paris, Éditions du Cerf, 1991, p. 106.
31. Himmelfarb (Harold), Della Pergola (Sergio), *op. cit.*, p. 26.
32. Della Pergola (Sergio), Cohen (L.), *World Jewish Population : Trends and Policies*, Jerusalem, The Institute of Contemporary Jewry, 1992, p. 75-79.
33. Goldstein (Sidney), *op. cit.*, p. 126.
34. Wertheimer (Jack), *op. cit.*, p. 106.

VII. Les relations avec l'Autre

1. Badinter (Robert), *Libres et égaux. L'émancipation des Juifs 1789-1791*, Paris, Fayard, 1989, 237 p.

2. Hertzberg (Arthur), *The Jews in America, Four Centuries of an Uneasy Encounter*, New York, Simon and Schuster, 1989, p. 65.

3. *Ibid.*, p. 115.

4. Chouraqui (André), *L'Alliance israélite universelle et la renaissance juive contemporaine, cent ans d'histoire*, Paris, Presses universitaires de France, 1965, p. 37-38.

5. *Ibid.*, p. 283-294.

6. Israël (Gérard), *René Cassin*, Paris, Desclée de Brouwer, 1990, p. 179-275.

7. Bensimon (Doris), *Les Juifs de France et leurs relations avec Israël (1945-1988)*, Paris, L'Harmattan, 1989, p. 225-234.

8. Chouraqui (André), *La Reconnaissance. Le Saint Siège, les juifs et Israël*, Paris, Robert Laffont, 1992, p. 187-188.

9. *Communauté nouvelle*, n° 5, 7/1991, p. 222-223.

10. *Le Monde*, 3/4/1993 ; 16/4/1993 ; *Information juive*, n° 125, 4/1993 p. 1,6 ; *L'Arche* n° 428, 4/1993, p. 72-74.

11. Chouraqui (André), *La Reconnaissance, op. cit.*, p. 267.

12. Landau (Lazare), « Rome et Jérusalem : révision déchirante » *L'Arche* n° 422, 11/1992, p. 44-50 ; Abramowicz (Léon), « Nouvelles avancées du dialogue judéo-chrétien », *Communauté nouvelle*, n° 63, 11/1992, p. 207-212.

13. *The Jerusalem Post*, n° 79, 13/5/1992, p. 7-9 (édition française) ; *The Jerusalem Post*, n° 1667, 17/10/1992, p. 14-15 (édition internationale).

14. *The Jerusalem Post*, n° 1659, 22/8/1992, p. 19 (édition internationale).

15. Mehl (Roger), *Le Protestantisme français dans la société actuelle*, Genève, Labor et Fidès, 1982, 253 p.

16. Pierrard (Pierre), *Le Grand Rabbin Kaplan, Justice pour la foi juive*, Paris, Le Centurion, 1977, p. 211.

17. *The Jerusalem Post*, n° 1659, 22/8/1992, p. 19 (édition internationale).

18. *The Jerusalem Post*, n° 121, 12/5/1993, p. 15 (édition française).

19. Vidal-Naquet (Pierre), *Les Juifs, la mémoire et le présent, I*. Paris, Maspero, 1981, 301 p. ; *Les Assassins de la mémoire*, Paris, La Découverte, 1987, 232 p. ; *Les Juifs, la mémoire et le présent, II*, Paris, La Découverte, 1991, 322 p. ; Hilberg (Raoul), *La Destruction des juifs d'Europe*, Paris, Fayard, 1988, 1 099 p.

20. Chevalier (Yves), *L'Antisémitisme*, Paris, Éditions du Cerf, 1988, p. 348-362 ; Poliakov (Léon), *De l'antisionisme à l'antisémitisme*, Paris, Calmann-Lévy, 1969, 188 p.

21. Moati (Serge), Raspiengeas (Jean-Claude), *La Haine antisémite*, Paris, Flammarion, 1991, p. 159.

22. Poliakov (Léon), « L'Église russe et l'antisémitisme », *L'Arche*, n° 428, 4/1993, p. 69-71.

23. « Le réveil des nationalismes et les juifs », *L'Arche*, n° 422, 10/1992, p. 23-24.

24. *Ibid.*, p. 36-38.

25. *Libération*, 21/4/1993, p. 22.

26. *Tribune juive*, n° 1228, 4/3/1993, p. 11.

27. *American Jewish Yearbook*, n° 90, p. 215-216 ; Moati (Serge), *op. cit.*, p. 156-157.

28. Dores (Maurice), *La Beauté de Cham, mondes juifs, mondes noirs*, Paris, Balland, 1992, p. 241-294.

29. Schmidt (Michaël), *Néo-nazis. La terrible enquête*, Paris, J.-C. Lattès, 1983, 436 p. ; « L'Euroracisme en marche », *Tribune juive*, n° 1239, 27/05/1993, p. 24-29.

VIII. La diaspora et Israël

1. Laqueur (Walter), *Histoire du sionisme*, Paris, Calmann-Lévy, 1973, p. 302-304.

2. Bensimon (Doris), *Religion et État en Israël*, Paris, L'Harmattan, 1992, p. 46-48.

3. Laqueur (Walter), *op. cit.*, p. 159-231.

4. Bensimon (Doris), *Immigrants d'Afrique du Nord en Israël*, Paris, Anthropos, 1970, p. 45-78.

5. Hillel (Shlomo), *Le Souffle du Levant*, Bruxelles, Didier Hatier, 1989, p. 15-16.

6. Alderman (Geoffrey), *Modern British Jewry*, Oxford, Clarendon Press, 1992, p. 309-314 ; Hertzberg (Arthur), *The Jews in America, four Centuries of an Uneasy Encounter*, New York, Simon and Schuster, 1989, p. 320.

7. Vital (David), *L'Avenir des juifs, un peuple à la croisée des chemins*, Paris, Calmann-Lévy, 1992, 171 p.

8. Yehoshua (Abraham, B.), *Pour une normalité juive*, Paris, Liana Levi, 1992, p. 134-135.

9. *Statistical Abstract of Israel*, n° 42, 1992, p. 168-169.

10. *American Jewish Yearbook*, n° 92, 1992, p. 511.

11. Aron (Raymond), *De Gaulle, Israël et les juifs*, Paris, Plon, 1968, p. 63 ; p. 69-70.

12. Colloque des intellectuels juifs, *Morale et politique en péril*, Paris, Denoël, 1993, 180 p.

13. Halpérin (Jean), « Que signifie pour moi l'État d'Israël ? », *The Jerusalem Post* n° 111, 23/12/1992, p. 9-13 (édition française).

14. *Le Monde*, 13/4/1990, p. 2 ; *The Jerusalem Post* n° 1550, 21/7/1990, p. 8 (édition internationale) ; *La Presse nouvelle*, n° 79, 09/1990, p. 7-8 ; Klein (Théo), *Israël aux quatre vents du ciel*, Paris, J.-C. Lattès, 1991, p. 207-220.

15. *Tribune juive*, n° 1209, 8/10/1992, p. 16-17.

16. Storper-Perez (Danielle), Kaufman Nunn (Maxime), *Israéliens et Palestiniens, les mille et une voix de la paix*, Paris, Éditions du Cerf, 1993, 309 p.

17. *The Jerusalem Post*, n° 1692, 10/04/1993, p. 5.

18. Elazar (Daniel J.), *Community and Politics, the Organizational Dynamics of American Jewry*, Philadelphie, The Jewish Publication Society of America, 1976, p. 80-81.

19. *Ibid.*, p. 85.

20. Gordon (Ouri), « Pour un parlement du judaïsme mon-

dial », *The Jerusalem Post*, n° 76, 22/4/1992, p. 7 (édition française).

Conclusion — *Les juifs, un peuple ?*

1. Friedmann (Georges), *Fin du peuple juif ?*, Paris, Gallimard, 1965, 376 p.
2. Troen (Selwyn, Ilan), Pinkus (Benjamin) (éditeurs), *Organizing Rescue. Jewish National Solidarity in the Modern Period*, Londres, Frank Cass, 1992, 424 p.
3. Lerman (Antony), *The Jewish Communities of the World*, Londres, Macmillan Press, 1989, *passim*.

REPÈRES CHRONOLOGIQUES 1787-1993 *

Fin du XVIIIe siècle

1787 : Constitution fédérale des États-Unis, égalité des Américains de toute confession.

1789-1791 : Révolution française. Émancipation des juifs de France.

XIXe siècle

Afrique, Asie : Période de colonisation par la France et la Grande-Bretagne, accueillie favorablement par les juifs.

Europe orientale : Développement de la *haskala* et du hassidisme.

Europe centrale et occidentale : Émancipation progressive des juifs (1830-1870).

Empire russe des Tsars : Pogroms.

À partir de 1880, migrations massives vers l'Europe centrale et occidentale, les Amériques, puis l'Afrique du Sud et l'Australie.

1894 : France. Début de l'Affaire Dreyfus : manifestations antisémites.

* Sources : Caratini (Roger), *Chronologie universelle,* Paris, Hachette, 1992 ; *Le XXe siècle, 10 000 dates clés,* Paris, SGED, 1992 ; Bensimon (Doris), *Religion et État en Israël,* Paris, L'Harmattan, 1992, p. 276-281 ; Philippe (Béatrice), *Les Juifs dans le monde contemporain,* Paris, MA Éditions, 1986.

Pour 1992 : *Le Monde,* 8/01/1992 ; *The Jerusalem Post,* n° 98, 23/09/1992 (édition française).

1897 : Réunion du 1er Congrès sioniste à Bâle. Début du mouvement sioniste.

XXe siècle

1914-1918 : Première Guerre mondiale.

1917 : Déclaration Balfour. Russie — Émancipation des juifs par la révolution d'Octobre.

1918-1939 : Des juifs d'Europe orientale puis d'Europe centrale émigrent en Europe occidentale, en Amérique latine, en Afrique du Sud, en Australie et en Palestine. Les États-Unis et le Canada limitent l'immigration.

1919 : La Conférence de Paix à Versailles est saisie du problème de la création d'un Foyer national juif en Palestine.

1922 : La Société des Nations confie le mandat sur la Palestine à la Grande-Bretagne.

1933 : Allemagne : Hitler prend le pouvoir.

1935 : Allemagne : Lois de Nuremberg proscrivant les juifs.

1936-1939 : Guerre d'Espagne — Le général Franco prend le pouvoir.

1938 :

Mars — Annexion de l'Autriche par l'Allemagne.

Juillet — Échec de la conférence d'Évian. La plupart des pays représentés refusent d'accueillir les juifs persécutés.

Septembre — Par les accords de Munich, la France et la Grande-Bretagne cèdent les Sudètes à Hitler.

Novembre — Nuit de cristal — Pogroms en Allemagne.

1939 :

Mars — L'Allemagne envahit la Tchécoslovaquie.

Mai — Le gouvernement britannique publie un Livre blanc limitant l'immigration des juifs en Palestine.

Août — Signature du pacte germano-soviétique.

Septembre — Invasion de la Pologne. Début de la Seconde Guerre mondiale.

1939-1945 : Seconde Guerre mondiale. L'Allemagne occupe ou domine l'Europe à l'exception de la Grande-Bretagne. Persécution, déportation et extermination de plus de 5 millions de juifs : la *Shoah*.

1941 :

Juin — L'Allemagne attaque l'URSS.

Décembre — Les Japonais attaquent Pearl Harbor. Les États-Unis entrent en guerre.

1942 :

Janvier — Berlin. Conférence de Wannsee sur « La solution finale de la question juive » : la persécution s'accélère et s'accentue.

Juillet — Paris : la grande rafle du Vel' d'Hiv'.

Novembre — Débarquement des Alliés au Maroc et en Algérie.

1943 :

Février — Le tournant de la guerre : défaite allemande à Stalingrad.

Juillet — Début du débarquement des Alliés en Italie.

1944 :

Juin — Débarquement des Alliés en Normandie.

1945 :

Janvier — Débuts de la libération par l'armée soviétique des camps de concentration situés en Europe orientale.

Février : Conférence de Yalta : Staline, Roosevelt et Churchill répartissent leurs zones d'influence en Europe.

Avril-juin — Conférence de San Francisco, élaboration de la charte des Nations unies.

Mai — Capitulation de l'Allemagne — Fin de la guerre en Europe.

Août — Les Américains lancent leur première bombe atomique sur Hiroshima.

Octobre — Début du procès de Nuremberg jugeant les principaux chefs nazis.

1946-1965 : Organisation du monde en deux « blocs ».

1946-1950 : Des centaines de millions de « personnes déplacées » errent à travers l'Europe. Parmi eux, des juifs :

migrations vers les Amériques, l'Afrique du Sud, l'Australie ; immigration d'abord illégale en Palestine.

1948-1949 : Blocus de Berlin. Partage de l'Allemagne en RFA et RDA.

1946-1948 : Régimes communistes en Pologne, Hongrie, Roumanie, Tchécoslovaquie, Bulgarie.

1947 :

Novembre — L'ONU vote le plan de partage de la Palestine.

1948 :

Mai — Fin du mandat britannique. Proclamation d'indépendance de l'État d'Israël. Début de la guerre d'Indépendance.

1949 :

Janvier — Rhodes : Israël signe des accords d'armistice avec ses voisins. Washington : signature du traité de l'Atlantique Nord (OTAN).

1948-1951 : Israël. Immigration massive. Transfert des judaïcités d'Irak et du Yémen.

1949 : Israël. Élections à la 1re *Knesseth,* la gauche au pouvoir.

1945-1965 : Décolonisation en Asie et en Afrique ; en majorité, les juifs des pays décolonisés émigrent vers Israël, la France et d'autres pays européens, les États-Unis, le Canada, l'Amérique latine.

1955 : Signature du pacte de Varsovie entre l'URSS et ses satellites.

1956 :

Mars — Signature du Traité de Rome créant la CEE.

Juillet — Abdel Nasser nationalise le canal de Suez.

Octobre-novembre — Expédition franco-anglo-israélienne de Suez.

Octobre-novembre — Insurrection de Budapest écrasée par l'Armée rouge.

1958 : France — Retour au pouvoir du général de Gaulle et fondation de la Ve République. Vatican : mort de Pie XII, élection de Jean XXIII.

1961 : Construction du Mur de Berlin.

1962-1965 : Concile Vatican II. *1965 :* Déclaration *Nostra Aetate.*

1962 : Indépendance de l'Algérie ; parmi les rapatriés en France, environ 115 000 juifs.

1961-1975 : Guerre du Vietnam (implication des États-Unis).

1966-1985

1967 :

Juin — Israël : Guerre des Six-Jours, victoire israélienne : le Grand Israël. Rupture des relations diplomatiques avec l'URSS.

Novembre — L'ONU vote la résolution 242 demandant à Israël le retrait de territoires occupés et aux Arabes la reconnaissance de l'État d'Israël.

1966-1969 : Chine — Révolution culturelle ; 1968 : révoltes étudiantes aux États-Unis, en France, en RFA.

1968 : Printemps de Prague écrasé par l'armée du pacte de Varsovie.

1969 : Syrie — Hafiz al-Assad prend le pouvoir.

1970 : Égypte — Mort de Nasser. Anouar el-Sadate lui succède.

1973 :

Septembre — Chili. Le général Pinochet prend le pouvoir.

Octobre — Guerre du Kippour. L'armée israélienne est surprise par l'offensive arabe.

1974 :

Avril — Portugal : Révolution des œillets. Démocratisation.

Novembre — Yasser Arafat est reçu à l'ONU à Genève.

1975 :

Avril — Liban, début de la guerre civile.

Août — Helsinki : signature de l'acte final de la Conférence sur la sécurité et la coopération en Europe (CSCE) : souveraineté des États, inviolabilité des frontières, respect des droits de l'homme.

Novembre — Espagne. Mort du général Franco. Le roi Juan Carlos accède au pouvoir. Démocratisation.

1976-1983 : Argentine. Dictature militaire.

1977 :
Mai — Israël. Élections à la VIIIe *Knesseth.* Victoire de la droite.
Novembre — Israël. Visite du président Anouar el-Sadate à Jérusalem.
1978 :
Avril — États-Unis. Signature à Camp David d'un accord de paix préliminaire entre Israël et l'Égypte.
Octobre — Vatican. Élection du pape Jean-Paul II.
1979 :
Février — Iran. Arrivée de l'Ayatollah Khomeiny. Fondation de la République islamique.
Mars — Washington. Signature du traité de paix entre Israël et l'Égypte.
Décembre — L'URSS envahit l'Afghanistan.
1980 :
Juillet — La *Knesseth* vote la loi faisant de Jérusalem la « capitale éternelle » de l'État d'Israël.
Août — Pologne. Grèves à Gdansk puis signature d'accords autorisant la création de syndicats indépendants.
1981 :
Octobre — Égypte. Assassinat d'Anouar el-Sadate. Hosni Moubarak lui succède.
1982 :
Juin — Israël. Début de l'opération « Paix en Galilée ». Israël envahit le Liban.
1985 :
Mars — URSS. Mikhaïl Gorbatchev devient secrétaire général du parti communiste.
Juin — Israël. Retrait de l'armée israélienne du Liban.
Novembre — Première rencontre entre Ronald Reagan et Mikhaïl Gorbatchev. Début de la détente entre les États-Unis et l'URSS.

1986-1993

1987 :
Décembre — Israël. Début de l'*Intifada.*

1988 :

Octobre — URSS. Mikhaïl Gorbatchev devient le chef de l'État soviétique.

Novembre — Tunis. Yasser Arafat proclame la création d'un État palestinien indépendant.

1989 : L'année cruciale pour le tournant du siècle.

Mars — URSS. Élection du Congrès des députés du peuple au suffrage universel. Boris Eltsine remporte à Moscou 89 % des suffrages.

Avril — Pologne. Légalisation du syndicat Solidarité.

Avril-juin — Chine. Des manifestations réclament la démocratisation. Violente répression.

Juin — Pologne. Élections libres : victoire de Solidarité.

Juin — Iran. Mort de l'Ayatollah Khomeiny.

Juillet — France. Célébration du bicentenaire de la Révolution française.

Août — Afrique du Sud. Le président Frederik De Klerk accède au pouvoir.

Septembre — Hongrie. Ouverture de la frontière avec l'Autriche.

Septembre-octobre — RDA. Manifestations revendiquant des réformes politiques.

Octobre — Hongrie. Dissolution du parti communiste. Proclamation de la IVe République.

Novembre — RDA-RFA. Chute du Mur de Berlin.

Novembre — Tchécoslovaquie. « La révolution de velours » : manifestations, suppression du rôle dirigeant du parti communiste.

Novembre — RFA. Vote du projet de réunification des deux Allemagnes.

Décembre — Roumanie. Renversement du régime communiste dirigé par Nicolae Ceausescu.

Décembre — Tchécoslovaquie. L'écrivain dissident Vaclav Havel est élu président de la République.

Novembre-décembre — Israël. Début de l'immigration massive des juifs d'URSS.

1990 :

Août — Irak. Invasion du Koweit. Les États-Unis lancent l'opération « Bouclier du désert ».

Octobre — Allemagne. Réunification des deux Allemagnes.

Décembre — Pologne. Lech Walesa devient président de la République.

1991 :

Janvier-février — Irak. Les États-Unis et leurs alliés lancent l'opération « Tempête du désert ». Le Koweit est libéré mais l'Irak a lancé des Scuds sur Israël.

Février — Varsovie. Dissolution du pacte militaire de Varsovie.

Juin — URSS. Boris Eltsine élu président de la Fédération de Russie.

Juin — Yougoslavie. La Croatie et la Slovénie proclament leur indépendance. Début de la guerre civile et de l'éclatement de la Yougoslavie.

Août — URSS. Putsch manqué organisé par des conservateurs.

Mars à octobre — Proche-Orient. Voyages du secrétaire d'État américain en vue de la préparation d'une conférence de paix.

Octobre — Israël. Reprise officielle des relations diplomatiques avec l'URSS.

Octobre — Madrid. Ouverture de négociations de paix entre Israël, la Syrie, le Liban et une délégation jordano-palestinienne.

Décembre — URSS. Fin de l'URSS et création de la Communauté des États indépendants (CEI). Démission de Mikhaïl Gorbatchev. Dissolution du parti communiste.

Décembre — CEE. Sommet de Maastricht. Signature d'un nouveau traité sur l'union économique, monétaire et politique. Cet accord doit être ratifié par les douze pays membres de la CEE.

1992 :

Mars — Afrique du Sud. Succès du référendum proposant des

réformes concernant le partage des pouvoirs entre Blancs et Noirs.

Mars — Espagne. Commémoration en présence du roi Juan Carlos et du président Haïm Herzog du 500e anniversaire de l'expulsion des juifs de ce pays.

Avril — Yougoslavie. La Serbie et le Montenegro proclament la République fédérale de Yougoslavie. Début de la guerre entre Serbes et musulmans en Bosnie-Herzégovine.

Juin — Israël. Élections à la XIIIe *Knesseth*. Majorité relative des travaillistes.

Juillet — Tchécoslovaquie. Accord sur le principe de la séparation entre la Slovaquie et la République tchèque. Ce partage est entré en vigueur le 1er janvier 1993.

Octobre — États-Unis. Célébration du cinquième centenaire de la découverte de l'Amérique.

CEI : L'année 1992 est marquée par la crise économique et de multiples conflits inter-ethniques. En Russie, elle s'achève sur l'affrontement politique entre Boris Eltsine et le Congrès des députés.

1993

Septembre — Washington, signature solennelle d'accords de mutuelle reconnaissance de l'État d'Israël et de l'OLP ainsi que de l'autonomie des territoires de Jéricho et Gaza.

GLOSSAIRE

Achkénaz — pl. *achkenazim :* « Allemagne » ; désigne les juifs d'Europe centrale et orientale.
Al-Fatah : fraction armée de l'Organisation de la libération de la Palestine (OLP).
Aliyah : « montée » ; l'immigration en Israël.
Baghdadi : juif originaire de Bagdad — et par assimilation d'Irak, de Syrie et du Liban.
Bar-Mitzva : cérémonie marquant la majorité religieuse des garçons à 13 ans (*Bath-Mitzva :* cérémonie analogue pour les filles).
Beta-Israël : juifs d'Éthiopie.
Bund : abréviation de *Yiddisher Arbeiterfarband* (Union des ouvriers juifs), mouvement socialiste juif.
Eretz Israel : pays d'Israël au sens biblique.
Falasha : juifs d'Éthiopie *(cf. Beta-Israel).*
Feddayin : combattants palestiniens.
Halakha : législation religieuse juive.
Hamas : mouvement islamiste palestinien.
Haskala : courant rationaliste juif tributaire des Lumières.
Hassid : adepte du hassidisme, courant religieux juif.
Heder : « chambre », cours d'instruction religieuse traditionnelle pour enfants et adolescents juifs.
Intifada : révolte des Palestiniens de Cisjordanie et de Gaza contre l'occupation israélienne.
Kibboutz, pl. *kibboutzim :* village où la production et la consommation sont organisées sur une base collective.

Kippour : l'une des principales fêtes juives — jour de jeûne et de prière pour l'expiation des péchés.
Knesseth : « Assemblée », le Parlement israélien.
Landsmannschaft : association d'originaires d'un même endroit ayant émigré.
Likoud : principal parti de la droite israélienne, au pouvoir de 1977 à 1992.
Mafdal : parti religieux sioniste (*cf. Mizrahi*).
Mitzva, pl. *mitzvoth :* précepte religieux juif.
Mizoug Galouiot : « mélange des exils », fusion des communautés.
Mizrahi : abréviation de *Merkaz Rouhani* (centre spirituel), parti sioniste religieux fondé en 1902. Son aile ouvrière est le *Poël Mizrahi* fondé en 1922. Ces deux partis ont formé le *Mafdal.*
Sabar, pl. *sabarim :* « figue de barbarie » ; désigne les juifs nés en Israël.
Sefarad : « Espagne », descendant des juifs expulsés d'Espagne et du Portugal.
Shoah : « catastrophe, désastre ». Désigne la persécution et l'extermination des juifs pendant la Seconde Guerre mondiale.
Shtetl : « petite ville » ; bourgades et quartiers juifs d'Europe orientale.
Talmud : vaste commentaire de la Loi écrite et de la tradition orale juives.
Talmud-Torah : cours d'instruction religieuse juive.
Torah : au sens strict les cinq premiers livres de la Bible, le Pentateuque ; au sens large, l'ensemble de la loi juive.
Tsahal : abréviation de *Tsava Hagana le-Israel :* armée de défense d'Israël.
Yechiva, pl. *yechivoth :* lieu d'étude des textes sacrés ; académie talmudique.
Yichouv : communauté juive établie en *Eretz Israel* avant la création de l'État d'Israël.
Yiddish : dialecte judéo-allemand parlé par les juifs d'Europe centrale et orientale.

SIGLES

AIU : Alliance israélite universelle, fondée en 1860 à Paris.

ANC : *African National Congress :* mouvement de défense des droits des Noirs en Afrique du Sud.

CEE : Communauté économique européenne.

CEI : Communauté des États indépendants (*cf.* URSS).

CJE : Congrès juif européen (section du CJM).

CJM : Congrès juif mondial fondé en 1936. Association d'organisations, de communautés et d'organismes représentatifs juifs du monde.

CRIF : Conseil représentatif des institutions juives de France, fondé en 1944.

HIAS : *United Hebrew Sheltering and Immigrant Aid Society.* Organisation fondée en 1909 aux États-Unis, jouant un rôle important dans les migrations juives.

OLP : Organisation pour la libération de la Palestine.

ONU : Organisation des Nations Unies.

RDA : République démocratique allemande. Unification avec la RFA en 1990.

RFA : République fédérale d'Allemagne. Unification avec la RDA en 1990.

UNESCO : Organisation des Nations Unies pour l'éducation, la science et la culture.

URSS : Union des républiques socialistes soviétiques (devient la CEI en 1991).

ORIENTATIONS BIBLIOGRAPHIQUES

N.B. — Une bibliographie complète concernant les juifs dans le monde contemporain dépasserait ce volume. Nous citons ici une sélection des publications consultées pour la rédaction de ce livre.

A — Approches globales

BARNAVI (Élie) (éditeur), *Histoire universelle des juifs. De la genèse à la fin du XXe siècle,* Paris, Hachette, 1992, 299 p.

CATANE (Moché), *Les Juifs dans le monde,* Paris, Albin Michel, 1962, 316 p.

DELLA PERGOLA (Sergio), COHEN (Léa) (éditeurs), *World Jewish Population : Trends and Policies,* Jérusalem, The Institute of Contemporary Jewry, 1992, 334 p.

HIMMELFARB (Harold S.), DELLA PERGOLA (Sergio) (éditeurs), *Jewish Education Worldwide. Cross-Cultural Perspectives,* Lanham, University Press of America, 1989, 616 p.

LERMAN (Antony), *The Jewish communities of the World. A Contemporary Guide,* Londres, Macmillan Press, 1989, 206 p.

MÉCHOULAN (Henry) (sous la direction de), *Les Juifs d'Espagne. Histoire d'une diaspora, 1492-1992,* Paris, Liana Levi, 1992, 717 p.

PHILIPPE (Béatrice), GUTMAN (Nelly), *Les Juifs dans le monde contemporain,* Paris, MA-Editions, 1986, 239 p.

RUPPIN (Arthur), *Les Juifs dans le monde moderne,* Paris, Payot, 1934, 387 p.

SACHAR (Howard M. Sachar), *Diaspora. An Inquiry into the Contemporary Jewish World*, New York, Harper and Row, 1985, 539 p.

TRIGANO (Shmuel), *La Société juive à travers l'histoire*, Paris, Fayard, 1992 et 1993, 4 volumes.

B — Panorama

ALDERMAN (Geoffrey), *Modern British Jewry*, Oxford, Clarendon Press, 1992, 397 p.

AYOUN (Richard), SEPHIHA (Haïm Vidal), *Séfarades d'hier et d'aujourd'hui, 70 portraits*, Paris, Liana Levi, 1992, 367 p.

BARNAVI (Élie), *Une histoire moderne d'Israël*, Paris, Flammarion, 1988, 347 p.

BENSIMON (Doris), *Les Juifs de France et leurs relations avec Israël (1945-1988)*, Paris, L'Harmattan, 1989, 285 p.

BENSIMON (Doris), ERRERA (Eglal), *Israéliens. Des juifs et des Arabes*, Bruxelles, Éditions Complexe, 1989, 539 p.

BENSIMON (Doris), *Religion et État en Israël*, Paris, L'Harmattan, 1992, 295 p.

BIN-NUN (Ariel), *Le Droit de l'État d'Israël*, Paris, LITEC, 1992, 174 p.

BRONSEN (David) (éditeur), *Jews and Germans from 1860 to 1933. The Problematic Symbiosis*, Heidelberg, Carl Winter Universitätsverlag, 1979, 383 p.

COHEN (Erik), *L'Étude et l'éducation juives en France ou l'avenir d'une communauté*, Paris, Cerf, 1991, 290 p.

DELLA PERGOLA (Sergio), *Anatomia dell'ebraismo italiano*, Assisi, Beniamino Carucci, 1976, 358 p.

ÉLAZAR (Daniel J.), *Community and Policy. The Organizational Dynamics of American Jewry*, Philadelphie, the Jewish Publication Society of America, 1980, 421 p.

FRAENKEL (Josef), *The Jews of Austria*, Londres, Vallentine Mitchel, 1967, 585 p.

HADAS-LEBEL (Mireille), *L'Hébreu, 3 000 ans d'histoire*, Paris, Albin Michel « Présences du Judaïsme », 1992, 190 p.

HERTZBERG (Arthur), *The Jews in America. Four Centuries of an Uneasy Encounter*, New York, Simon and Schuster, 1989, 428 p.

HILLEL (Marc), *Le Massacre des survivants en Pologne (1945-1947)*, Paris, Plon, 1985, 352 p.

IANCU (Carol), *L'Émancipation des juifs de Roumanie, 1913-1919*, Montpellier, Université Paul-Valéry, 1992, 350 p.

KAPLAN (Steven), *Les Falashas*, Maredsous, Éd. Brépols, 1990, 233 p.

KOCHAN (Lionel), *Les Juifs en Union soviétique depuis 1917*, Paris, Calmann-Lévy, 1970, 482 p.

LASRY (Jean-Claude), TAPIA (Claude), *Les Juifs du Maghreb. Diasporas contemporaines*, Montréal, Presses de l'Université de Montréal, Paris, L'Harmattan, 1989, 477 p.

LESLIE (Donald, Daniel), *The Survival of the Chinese Jews, the Jewish Community of Kaïfeng*, Leiden, E. J. Brill, 1972, 270 p.

LEWIS (Bernard), *Juifs en terre d'Islam*, Paris, Calmann-Lévy, 1986, 258 p.

MEDDING (Peter), *Jews in Australian Society*, Melbourne, MacMillan, 1973, 299 p.

NEWMAN (Audrey), *The Board of Deputies of British Jews, 1760-1985*, Londres, Vallentine Mitchell, 1987, 56 p.

OCHS (Édith), NANTET (Bernard), *Les Falashas. La tribu retrouvée*, Paris, Manya, 1992, 212 p.

PINKUS (Benjamin), *The Jews of the Soviet Union. A History of a National Minority*, Cambridge, Cambridge University Press, 1988, 397 p.

ROLAND (Joan, G.), *Jews in British India. Identity in a Colonial Era*, Hanover University Press of New England, 1989, 355 p.

SLOVES (Henri), *L'État juif de l'Union soviétique*, Paris, Les Presses d'Aujourd'hui, 1982, 318 p.

SOLA (Richard, F.), *Israël et les juifs en Asie extrême*, Paris, Institut d'étude des relations internationales, 1992, 94 p.

STOCK (Ernest) (éditeur), *Communautés juives d'Europe*, Recueil, Paris, Conseil européen des services communautaires juifs, 1982, 202 p.

TOKAYER (Marvin), SWARTZ (Mary), *Histoire inconnue des juifs et des Japonais pendant la Seconde Guerre mondiale. Le plan Fugu*, Paris, Pygmalion, 1980, 254 p.

TOLLET (Daniel), *Histoire des juifs en Pologne du XVIe siècle à nos jours*, Paris, Presses Universitaires de France, 1992, 331 p.

TRAVERSO (Enzo), *Les Juifs et l'Allemagne. De la « symbiose judéo-allemande » à la mémoire d'Auschwitz*, Paris, La Découverte, 1992, 260 p.

WEINFELD (Morton), SHAFFIR (William), COTLER (I.), *The Canadian Jewish Mosaic*, Toronto, John Wiley and Sons, 1981, 511 p.

WIEVORKA (Michel), *Les Juifs de Pologne et Solidarnosc*, Paris, Denoël, 1984, 210 p.

C — Divergences et convergences

BENSIMON (éditeur), *Judaïsme, sciences et techniques*, Paris, Publications Langues'O, 1989, 245 p.

CHEVALIER (Yves), *L'Antisémitisme*, Paris, Cerf, 1988, 464 p.

CHOURAQUI (André), *La Reconnaissance. Le Saint-Siège, les juifs et Israël*, Paris, Robert Laffont, 1992, 267 p.

COLINS (Holmes), *Antisemitism in British Society (1876-1939)*, Londres, Edward Arnold, 1979, 328 p.

DORES (Maurice), *La Beauté de Cham, mondes juifs, mondes noirs*, Paris, Balland, 1992, 312 p.

HILBERG (Raoul), *La Destruction des juifs d'Europe*, Paris, Fayard, 1988, 1099 p.

ISRAEL (Gérard), *René Cassin*, Paris, Desclée de Brouwer, 1990, 280 p.

KLEIN (Théo), *Israël aux quatre vents du ciel*, Paris, J.-C. Lattès, 1991, 220 p.

MOATI (Serge), RASPIENGEAS (Jean-Claude), *La Haine antisémite*, Paris, Flammarion, 1991, 246 p.

POLIAKOV (Léon), *De l'antisionisme à l'antisémitisme*, Paris, Calmann-Lévy, 1969, 189 p.

ROZENMANN (Izio) (directeur), « Juifs laïcs. Du religieux vers le culturel », Revue *Panoramiques*, 1992, 182 p.

ROSENTHAL (Gilbert S.), *Contemporary Judaism. Patterns of Survival*, New York, Human Sciences Press, 1986, 401 p.

SCHMIDT (Michaël), *Néo-nazis. La terrible enquête*, Paris, J.-C. Lattès, 1993, 436 p.

STORPER-PEREZ (Danielle), KAUFMANN-NUNN (Maxime), *Israéliens et Palestiniens, les mille et une voix de la paix*, Paris, Le Cerf, 1993, 309 p.

TAGUIEFF (Pierre-André), *La Force du préjugé, essai sur le racisme et ses doubles*, Paris, La Découverte, 1988, 645 p.

TROEN (Selwyn Ilan), PINKUS (Benjamin) (éditeurs), *Organizing Rescue. Jewish National Solidarity in the Modern Period*, Londres, Frank Cass, 1992, 424 p.

VASSAL (Jean), *Les Églises, diaspora d'Israël ?*, Paris, Albin Michel, 1993, 266 p.

VIDAL-NAQUET (Pierre), *Les Assassins de la mémoire*, Paris, La Découverte, 1987, 232 p.

VIDAL-NAQUET (Pierre), *Les Juifs, la mémoire et le présent, II*, Paris, La Découverte, 1991, 322 p.

VITAL (David), *L'Avenir des juifs. Un peuple à la croisée des chemins ?*, Paris, Calmann-Lévy, 1992, 191 p.

YEHOSHUA (Abraham, B.), *Pour une normalité juive*, Paris, Liana Levi, 1992, 135 p.

WIEVIORKA (Michel), *L'Espace du racisme*, Paris, Seuil, 1991, 252 p.

Annuaires et périodiques consultés

— *American Jewish Yearbook*, New York
— *Cahiers Bernard Lazare*, Paris
— *Combat pour la diaspora*, Paris
— *Communauté nouvelle*, Paris
— *Information juive*, Paris
— *L'Arche*, Paris
— *Les Nouveaux Cahiers*, Paris
— *Pardès*, Paris
— *Passages*, Paris
— *Presse nouvelle*, Paris
— *Regards*, Bruxelles
— *Statistical Abstract of Israel*, Jérusalem

— *The Jerusalem Post* (éditions internationale et française), Jérusalem
— *The Jewish Journal of Sociology*, Londres
— *Tribune juive*, Paris
— *Yod*, Paris

Presse citée

— *Le Monde*, Paris
— *Libération*, Paris

TABLE

DU MÊME AUTEUR

La Population juive de France : sociodémographie et identité (en coll. avec S. della Pergola), CNRS, 1985.

Les Grandes Rafles : Juifs en France, 1940-1944, Privat, 1987.

Israéliens, des Juifs et des Arabes (en coll. avec E. Errera), Complexe, 1989.

Juifs d'Algérie : mémoires et identités (en coll. avec J. Allouche-Benayoun), Privat, 1989.

Les Juifs de France et leurs relations avec Israël, 1945-1988, Harmattan, 1989.

Religion et État en Israël, l'Harmattan, 1992.

DANS LA MÊME COLLECTION

Doris Bensimon, *Les Juifs dans le monde au tournant du XXIe siècle.*
Alain Boyer, *Théodore Herzl.*
Catherine Chalier, *Lévinas, l'utopie de l'humain.*
Gilbert Dahan, *La Polémique chrétienne contre le judaïsme au Moyen Age.*
Ernest Gugenheim, *Le Judaïsme dans la vie quotidienne.*
Mireille Hadas-Lebel, *L'Hébreu : trois mille ans d'histoire.*
Béatrice Leroy, *Les Juifs dans l'Espagne chrétienne avant 1492.*
Henry Méchoulan, *Être juif à Amsterdam au temps de Spinoza.*
René Moulinas, *Les Juifs du Pape.*
Béatrice Philippe, *Les Juifs à Paris à la Belle Époque.*
Simon Schwarzfuchs, *Rachi de Troyes.*
Jacques Taïeb, *Être juif au maghreb à la veille de la colonisation.*
Emanuela Trevisan-Semi, *Les Caraïtes.*
Pamela Vermes, *Martin Buber.*

La composition
et l'impression de ce livre ont été effectuées
par l'imprimerie Bussière
pour les Éditions Albin Michel

Achevé d'imprimer en décembre 1993.
N° d'édition : 13376. N° d'impression : 2338.
Dépôt légal : décembre 1993.